SQ選書
10

アソシエーションの政治・経済学

人間学としての障害者問題と社会システム

堀　利和
HORI Toshikazu

社会評論社

アソシエーションの政治・経済学＊目次

はじめに

本書の主題は、労働力商品化と非人間的不等価交換システムとしての資本主義を超えることにある。資本主義とはなにか、その本質と原理を箇条書き程度にまとめてみた。それが、「労働力商品化」と「不等価交換システムとしての資本主義」である。

本質とその原理を理解しない限り、資本主義を理解したとはいえない。それを理解しないままに、経済的価値法則を温存させたままに、ひたすら、生産手段を資本家的所有から国有に、無政府的市場経済を計画経済にひっくり返しただけでは、資本主義を超えたことにはならない。さらに、ブルジョア国家権力をプロレタリア独裁権力におきかえただけでは、全体主義的国家社会主義にとって代わるだけである。そのことを歴史的に猛省するならば、つまり、資本主義の根本矛盾が、なによりも労働力の商品化と不等価交換システムにあること、それを全面的に廃絶・止揚しなければ資本主義をのり超えたことにはなり得ない。そうでなければ、資本主義も国家社会主義も乗り超えることはできない。

それに加えて、現代は世界金融資本主義、モンスター金融資本主義の時代なのである。お金をお金で買う、通貨（貨幣）を通貨（貨幣）で買う時代なのである。ましてや、商品先物取引などもっての他である。

すでに、世界の実物・実体経済としてのドルベースは七〇〇兆ドルであるのに対して、金融擬制資本はもはやその二倍の一四〇〇兆ドルにまで達している。その金融資本が、あたかも実物・実体経済から相対的に自立しているかのようにみえるのだが、しかもそれが地球規模で瞬時のうちにおこっている。そもそも、本来実物・実体経済を支えるはずの金融資本が、逆に、今や実物・実体経済を不安定にさせる要因にもなっているといえる。

こうした世界金融資本主義を目のあたりにして、かつ、金融恐慌がいつ起きてもふしぎではない時代に、労働力商品化と不等価交換システムとしての資本主義を、一国資本主義から世界システムのなかに、そしてその世界システムの外部から一国資本主義を変革するということについては、ウォーラーステインがいうように、先進国であれ周辺国であれ、すでに世界分業システムの中に組み込まれてしまっている以上、その変革たるやまるで天文学的な試みの飛躍が求められているといっても過言ではあるまい。一国資本主義が成り立たないように、一国社会主義も成り立たない。その世界システム論に則していえば、カール・ポランニーの「偉大な世界革命」も、また柄谷行人氏の「世界同時革命」も、とどのつまり、たとえばその「同時」とは時間的概念というよりはむしろ世界システムの包括的移行という概念で捉えられなければならないであろう。

また、『資本論』＝資本主義経済の解明とその基本的問題の認識については、生産過程か流通過程かの論争がある。生産過程を最も重視する正統派マルクス主義は、剰余労働、剰余価値が利潤に転化する搾取の構造を唯一の根本矛盾としてそれを限定する。しかし、その生産過程もあたかも生産過程として相対的に独立しているかのように見受けられても、じつは、その生産過程も流通過程に包含されている。いいかえれば、流通過程はその市場のなかに生産過程を前提的基礎においているのである。すなわち、労働者が生産する生産物はすべて商品であり、したがって商品でない物はなく、その商品のために生産するのであって、一連の流通過程としての市場のなかに、実質的不等価交換としての賃金と労働力の関係の搾取の構造が、隠蔽されて見えなくさせられてしまっているのである。要するに、生産過程もまた流通過程のなかの一過程にすぎないということになろう。

こうして、近・現代の資本主義は、市場における商品の交換を通して、しかもそれがあたかも等価の交換であるかのような形態を装いながら、全面的にそのような商品市場経済として支配するのである。

あわせて、資本主義国家、その国家と現実的かつ究極的にどう向きあえばよいのか、そしてまた、資本主義を超えた後の国家に代わる「国家」もどきものに、つまり、国家がこれまではたしてきた調整機能を、階級抑圧なき調整機能としてどう創造できるのか、しかも、それがグローバルにおいてどのような調整機能としての形態をとり得ることになるのか、私にはまったくもって不確実と言わざるをえないのである。

また、労働力商品化の不等価交換システムとしての資本主義を超えた際の労働の評価が、ロバート・オーエンにしろポランニーにしろ、労働の等価交換ということになるのだが、私は労働の等価交換ではなく、不等価交換に、すなわち、非人間的「不等価交換システムとしての資本主義」ではなく、もちろん等価交換を超えて、そしてそれをさらに「否定の否定」の弁証法によって主体的に高次の「人間的不等価交換」へと、科学的ユートピアとしての未来形に世界史を託そうとした、それが本書の主題である。

「第4章『共民社会』制度としてのアソシエーション・協同組合」において、カール・ポランニー、デヴィッド・ハーヴェイ、柄谷行人、アントニオ・グラムシ、あわせてウィリアム・モリスの思想を参考に、資本主義を超えた後の経済社会の姿としてのアソシエーション・協同組合の可能性を描こうとしたものであり、同時に、それに照応した階級抑圧と敵意なき「国家」、すなわち私がいうところのいわば「国家調整機能説」もまた比較論的にテーブルの上にのせて概観したものである。しかし、いずれにしても、それらは不透明、不確実性の域をでないことはいうまでもない。それでも一読して、ご批判いただければ幸いである。

第I部

人間的不等価交換論の可能性

序章　『障害者が労働力商品を止揚したいわけ』の確信的概要

〔一〕　第三の共有論

　本書は、社会評論社から出版した拙著『障害者が労働力商品を止揚したいわけ――きらないわけない　ともにはたらく――』（以後、拙著という）を再評価し、問題の核心部分を改めて再考したものである。そのため、参考文献等の記載については極力最小限にとどめ、その他は前掲書にゆだねることとした。

　その核心部分とは、労働力商品化と、健常者の平均的労働能力および社会的平均労働量とを三位一体として、同時に止揚することである。つまり、それら、不等価交換システムとしての資本主義経済を「否定の否定」の弁証法によって、その不等価交換システムとしての資本主義経済を超えることにある。それにより、経済的価値法則の廃絶に基づいた等価交換の経済、そしてさらにそれと同時にその否定によって人間的不等価交換の経済へ、つまり互酬性、相互扶助、贈与の連帯経済を主体的かつ全面的に創造することを意図したものである。それを交換様式から説明すると、不等価交換システムとしての資本主義は、形式的外面上は等価交換をよそおいながら、実質は不等価交換の経済になっている。その実質の不等価交換を形式的にも実質的にもいったん等価交換に移行し、そして同時に形式的にも実質的にも人間的不等価交換の経済に移行することである。それが国家社会主義に代わる「共生社会・主義」の経済社会であり、そのためには何よりもまず労働力商品化の止揚に向かうことである。そしてまたそのためには、生産手段の所有とその形態を共有論にすることである。資本主義的私的所有でもまた社会主義的国有でもない、いわば第三の共有論である。

この場合の生産手段は、決して、製造業等における狭義の生産手段を意味するものではない。そこで参考になるのが金子勝著『資本主義の克服 「共有論」で社会を変える』(集英社新書)である。そこには「一つには制度やルールまでが含まれており、範囲が広いことである。逆にいうと、本書は国際条約、法律から慣習までを含む制度やルールの問題を分析の中心にすえて、その新たなあり方を考察の対象としている。いま一つは、一定の共同性と公共性を前提とするが、必ずしも共同体を維持するためのものではないということである。」と書かれており、また「共有する対象はマルクス主義的な生産手段ではなく、林野や水資源や自然環境などにも限定せず、むしろ制度やルールが対象となる。」としている。

ここにいう共有としての一定の共同性と公共性、要するに、労働力商品化の止揚、健常者の平均的労働能力および社会的平均労働量の止揚には、生産手段の共有論が不可欠であるといえる。その共有論は自主管理・共有管理を意味する。

そこにおけるそのような働き方を「共生・共働」と定義づけ、その概念は形式的にも実質的にも不等価交換の労働経済であり、人間的不等価交換の経済社会なのである。ところがこれに対して、特に産業革命以来の近・現代資本主義は、生産過程においても流通・貿易過程においても、実質的には不等価交換でありながら形式的外面上は等価交換であって、一見合理的な経済システムを成立させているかのようにみえる。そのような内在的根本矛盾を内包している資本主義国家、とりわけ先進諸国は、共産主義化を回避するために経済外的福祉政策およびケインズ政策をとらざるをえなくなった。福祉国家が目標となる。

だが、近年、ケインズ政策に替わって新自由主義的グローバル経済、モンスター金融資本主義の傾向を強めるにいたった。それによって社会的格差と排除を拡大させている。

〔二〕 社会的格差—不平等をめぐって

このような状況に対して、『希望の資本論』（朝日新聞出版）の佐藤優氏との対談の中で、池上彰氏は、ソ連・東欧の社会主義が崩壊した後はもはや資本主義は厚化粧をする必要はなくなったと、大変示唆に富んだ説明をしている。また、トマ・ピケティも、『21世紀の資本』（みすず書房）の中で、格差の原因がｒ＞ｇ（資本収益率＞経済成長率）という数式を示して、資産

（資本）と労働の再分配が累進課税などの適切な政策がとられない場合には、社会的格差はますます拡大していくと論じている。しかし、その論理にはなぜ格差が再生産されるかについての経済学的根本原因の分析がみてとれない。つまり、労働力商品化と資本の自己増殖の関係がまったく解明されていないのである。それどころか、累進課税などの再分配がその問題解決の中心におかれている。だが、課税権はいたって主権に属するものであって、タックスヘイブンや、法人税率などを考えたとき、グローバルにおいては何ら現実性をもちえない。世界政府がなければ何の解決にも至らないのである。

一方、また同様に、アンソニー・B・アトキンソンは『21世紀の不平等』（東洋経済新報社）の著書のなかで、やはり社会的格差＝不平等について、累進課税などの具体的かつ全般的な総合政策を示し、世界財務当局を提案している。その詳細な、あるいは具体的な政策の総合性についてはピケティよりはるかに優れている。たとえば大変興味深いのは、すべての市民が一八歳で成人年齢に達した際に資本給付というのが受けられるとしているものである（イギリス）。だがピケティがそうであるように、社会的格差＝不平等が再生産される根本矛盾とその原因である経済構造にはそれ以上踏み込もうとはしていない。

「私は不平等の原因の経済分析で、資本所得の役割と所有権のバランス見直しの必要性を強調した。その時には、経済は市場資本主義の一形態として組織され、経済活動の大半は労働者を雇い、財とサービスを開放市場で売る民間企業が担っていると見なしていたし、またここでもその想定は捨てていない。また、資本の役割を考える際は、資産から利益を得る所有と、経済決定に対する資本の支配力を区別し続けることが必要だと論じてきた。」というのである。ちなみに、前掲書の「序文」に、ピケティが寄せていることを付記しておく。とはいえ、ハイエクやフリードマン等の新自由主義に比べれば、当然、ピケティやアトキンソンの方がはるかに優れていることはいうまでもない。同じ資本主義であっても、その限りにおいては水と油ほどの差異がある。市場原理主義か、あるいは、福祉国家的な税と所得の再分配かである。

しかしながら、社会的格差＝不平等は、生産過程においても流通・貿易過程においてもそもそも不等価交換システムを原理としている資本主義経済では必然の結果である。

以上のような原理論から資本主義経済をとらえたうえで、ここでは、障害者の労働問題を基軸に労働力商品化の止揚の必要性から、資本主義を根本的に変革しなければならないことを意図したものである。それは、健常者の平均的労働能力以下の、マルクスはこれを「社会的平均労働量」としたのだが、つまり、それ以下の「労働能力」「労働量」でしかない障害者は、当然雇われない、雇用されない、労働力を商品として売ることができない、搾取の対象にすらならないのである。

「障害」とは、能力が低い、労働量に満たないから、つまり「低い」「満たない」ということ、それ自体が障害になるというわけではない。「低い」ものを労働者として雇えないこと、要するに労働力商品化市場経済そのものが問題なのである。それこそが原因であり、「障害」なのである。ゆえに、労働力商品化を止揚して資本主義を超え、さらに健常者の平均的労働能力および社会的平均労働量を止揚した共生社会・主義社会が求められなければならない。

〔三〕 市民から共民への発展

ところで、「障害」の把握には二つの概念がある。自然概念と社会概念である。自然概念とは目が見えない、耳が聞こえない、歩けない、判断しにくいという、自然界における動物としての身体的制約や、知的・精神的判断能力の制約に過ぎず、それは自然的、動物的実態に他ならない。

一方、それに対する社会概念とは、人間は社会的動物、社会的存在、「社会-内-存在」であるから、自然概念に対して社会概念が規定し、「障害」を成立させる。マルクスが言うように、人間の意識が彼らの存在を規定するのではなく、逆に、彼らの社会的存在が意識を規定するのである。障害者は社会的存在であるから、この場合資本主義社会が彼らを規定し、つまり社会が「人」を障害化するのである。

また、私は、共生社会・主義の「共生」については独自の「共生の遺伝子説」にその根拠を求めている。動物行動学者のドーキンスは、個体が遺伝子（利己的遺伝子）の乗り物であって、種の保存ではなく利己的遺伝子の生き残り戦略として「利己的遺伝子説」を説いている。しかしこれだけでは説明のつかないこともあり、そこでハミルトンはそれを「血縁淘汰説」に発展させ、それを、さらに私は「共生の遺伝子説」をうちたてた。人類は進化の過程で「共生の遺伝子」を形質として獲得したと見る。そうでなければ、私達の祖先はとうに絶滅していたはずである。よって、問題は「利己的遺伝子」かまたは「共生の遺伝子」のどちらが出現しやすいか、それを規定するのが社会環境である。言い換えれば、「共生の遺伝子」が出現しやすい社会構造、社会環境を創造することにつきる。ちなみに、創造とは人間の主体性に深くかかわっており、したがって没主体性的な決定論に規定されることを意味するものではない。しかしながら、資本主義は人間にそのような自由をあたえない。労働力商品化の止揚、経済的価値法則の廃絶にいたらない限り、それが桎梏となる。

そこで、「共生の遺伝子」が出現できる共生社会・主義の社会は、市民社会に代わって「共民社会」となる。市民から「共民」へと発展する。資本主義的商品市場経済の担い手たる市民は確かに自由である。市民は、封建的身分制社会からは自由人になった。人間として解放された。だがそれも、商品と貨幣の奴隷においてである。土地から離れた農民が都市労働者・プロレタリアートになった18、19世紀は、彼らは過酷な労働を強いられるとともに、困窮な生活が待っていた。

労働者がいくら働いても、資本家にはなれない。格差社会は必然である。こうした悲惨な状況に対して、特にドイツのビスマルクは彼らのために初めて社会保険制度を創設し、しかしその一方では「社会主義者弾圧法」の制定も忘れなかった。

その後20世紀に入ると、大量生産・大量消費により生産力もめざましく上がって、先進諸国には大量の中産階級が生み出された。ただし、周辺諸国からの安価な資源の収奪によって経済成長を達成したので、南北問題を引き起こし、経済の不均等発展を同時に露呈した。それは、その経済成長の恩恵にあずかったのがわずか世界人口構成の10ないし15%にすぎないということである。このような不均等発展は、先進諸国内部でもそれが顕著に経済社会の格差として生じてきたのである。

第1章　不等価交換システムとしての資本主義

【一】「不等価交換」への転化について

　ここで扱うのは「不等価交換」である。というと、驚くかもしれない。資本主義こそが「等価交換」であると。だから、「不等価交換システムとしての資本主義」というと、そもそも原理的認識にかなりの誤謬があるのではなかろうかという指摘もあろう。確かに「等価」によって資本主義は一応成り立っているようにみえる。需要と供給を通じた等価交換の価格理論においてしかりである。ポランニーがいうように、「価格とは決して商品の属性などではなく、商品生産者間に取り結ばれた関係である」。また、交易・貿易過程においても侵略的略奪でない限りは等価交換であり、生産過程においても――この過程を一般的には交換様式、流通過程とはみていないが――、賃金と労働力の関係は明らかに等価交換である。『資本論』では、これを、剰余労働、剰余価値の搾取の生産構造とみており、近代経済学ではそれは「自然的状態」としている。

では、生産過程における賃金と労働力の関係、すなわち労働力商品化が交換様式のもとで「不等価交換」に転化していることを、ここでは具体的事例をもって解明しよう。

労働者の時給が八〇〇円、そこでは一時間あたり二枚のハンカチを生産するとする。労働者は一日八時間働いて、日給六四〇〇円の賃金を受け取り、一六枚のハンカチを生産する。店で売られているハンカチは一枚一〇〇〇円の値札がついている。一枚一〇〇〇円のハンカチは一六枚（労働者が一日生産した枚数）売れれば、一六〇〇〇円となる。労働者にはすでに六四〇〇円の賃金が支払われている。一六〇〇〇円－六四〇〇円＝九六〇〇円という式が成り立つ。

賃金以外の九六〇〇円から、一応ここでは原材料や光熱費等の諸経費、および物流コストや店での販売等、その費用を合わせて四六〇〇円と仮にみよう。九六〇〇円－四六〇〇円＝五〇〇〇円、この式は剰余価値が利潤に転化した額となる。

これは一般的に搾取の構造と理解されるが、マルクス経済学にとっては当然であるが、残念ながらハンカチを生産した労働者にはそれが経験的にもイデオロギー的にも搾取とはみえない。なぜなら、労働者も、資本主義的イデオロギー、常識化された観念の中につま先から頭のてっぺんまで漬かっているからである。これを、ルカーチは物象化論において説明する。

「景気はどうですか？」

「うちの会社は儲かってますよ、景気はまあまあです」となる。

そして、労働者は帰宅途中に一杯飲んで満足する。ただし、ブラック企業や、サービス残業、賃金未払いともなれば別だが。

私の見解は、生産過程における搾取の構造も、賃金と労働力との不等価交換であり、すなわち生産過程を包摂した交換様式、流通過程の一形態であるということである。したがって、資本主義的生産様式は労働力商品化を通して不等価交換、しかしそれは同時に、形式的外面上の等価交換となって表象される。言い換えれば、不等価交換システムとしての資本主義経済は、形式的外面上の等価交換の内部に不等価交換を隠ぺいする経済といってよい。それゆえ、ハンカチを生産した労働者は一日六四〇〇円の賃金を不当とも思わず、契約通りに賃金を受け取って満足する。これが民法下の労働法制、対等な当事者間の契約である。

それでは以上のことを今度は一般市場・流通過程に移して考えてみよう。それがいかに不等価交換であるかが如実にわかる。

まず、ハンカチを生産した労働者は一日の八時間労働で六四〇〇円の賃金を得る。一日に一六枚のハンカチが生産され、一枚一〇〇〇円の値段がつけられて売られるから、合計の売上は一六〇〇〇円となる。その売上額のうち生産諸経費が四六〇〇円であるから、一六〇〇〇円から四六〇〇円を差し引くと、一一四〇〇円になる。

六四〇〇円の賃金を得た労働者は、自ら生産したハンカチ一一四〇〇円分を計算上は買い戻すことなどできない。一一四〇〇円と六四〇〇円の差額五千円はなにか。それは剰余労働、剰余価値が利潤に転化した額であり、資本家の手に残ったものである。これが不等価交換である。

少なくとも生産過程において等価交換であれば、事実上計算において労働者の手にひとしくハンカチを買い戻すことができるはずである。ところが、残念ながら交換様式・流通過程に包摂された生産過程では、不等価交換になる。資本主義的生産様式は不等価交換の交換様式である。要するに、不等価交換システムとしての資本主義は、形式的外面上の等価交換のうちに実質の不等価交換を内在的に隠蔽する経済となっている。市場は一見、価格を通して等価交換による合理的経済、すなわち経済的価値法則に貫かれているがゆえに、その実態の本質はまさに不等価交換の交換様式に支えられたものであるにすぎない。

〔二〕　ウォーラーステインの能力主義に関する考え方

それでは、次に、世界貿易に目を転じてみよう。『近代世界システム』（名古屋大学出版会）を書いたウォーラーステインは、世界システム論について、現代世界は一つのシステムとして経済的に統合されており、その本質は資本主義的なものであるとし、近代世界システムの実態は世界的分業に基づく世界資本主義そのものであるとしている。世界は同じ時間を共有するひとつの時計のもとに、そのシステムの中核、または周辺にあるといった地政学的位置づけによって大きな差異が生じるものとして、したがってそれは一国史観を採用しない。

すなわち、自由貿易は、事実上、姿を変えた強国の保護主義であるとし、それは、その時点での経済効率に勝った国のための保護主義でしかないとした。さらに、と続け、自由主義は最弱のものと自由競争ができ、抗争の主役ではなく犠牲者にすぎず、その弱い大衆を完膚なきまでに搾取する力を最強のものに与えたのだという。つまり、自由競争を絶対的イデオロギーとして、すなわち、世界システムは初めから不等価交換を前提とする世界的分業を基礎としているのである。だから、一国史観でも一国発展段階論でもないのである。

前掲書第4巻の「訳者解説」の中で、川北稔氏は

それはアフリカやアジアの労働者が一日がかりで作るものを日本の学生はわずかな時間のアルバイトの稼ぎで買えるという、いわゆる不等価交換を前提としているために、常に一方を豊かにし、他方を貧しくする傾向を持っている。

と書いている。もちろん、賃金は、その国・地域の生産力にみあった生活水準を基礎に置いていること、購買力平価を考慮しなければならないのは当然であるが。

また、ウォーラーステインは不等価交換に関して、『私的システムとしての資本主義』（岩波書店）の中で、次のように書いている。

資本主義的なシステムにあっては（生態学的な理由であれ歴史的な理由からであれ）一旦生

じた格差は必ず次第に拡大・強化され定着させられていったのである。この過程で特に重要なことは、価格決定に力関係が影響したという事実である。むろん、市場取引において、一方の側が武力を利用するのは、とくに資本主義だけの特徴というわけではない。不等価交換は昔からあるやり方である。史的システムとしての資本主義の際立った特徴というのは、それがこの不等価交換を隠蔽できる方法をもっていた、ということである。じっさい、それはあまりにも上手に隠蔽されたので、資本主義というシステムに公然と反対を唱える人びとでさえ、この不等価交換のメカニズムを組織的に暴き始めたことができたのは、それが作用しはじめて五〇〇年もたってからのことであった。

ここに至って史的システムとしての資本主義は、いわゆる賃金の歴史的水準なるものをつくり出したのであるが、この水準には問題の労働者が世界システム内のどの地域に属しているかによって、驚異的な格差が生じてきたのである。

ところで、こうした過程は隠蔽されている、と言った。その真意は、現実の商品の価格が、つねに非人格的（客観的）な経済諸力を前提とする、世界市場における交渉によって決まっているように見えるということである。不等価交換を保障するために、個々の取引に際してそのつど、壮大な潜在的武力装置が使われてきた、というわけではない。（むろん、ときどき起こった戦争や植民活動に際しては、この装置が公然と使われたのだが。）むしろ、暴力装置が実際に活用されたのは、これまでの不等価交換の水準がひどく脅かされそうになったときだけである。厳しい政治闘争が終わると、世界の企業家階級は、経済というものはただ需要と供給の関係のみによってうごかされているかのように装うことができた。つまり、この「世界経済」が今の需給バランスに達するまでに、どんな歴史的変遷を辿ってきたのか、また、まさしくこの瞬間にも、世界各地の労働者の賃金水準や実質的な生活水準の「伝統的な」格差を維持するために、どんな暴力装置が（潜在的に）設定されているのか、といった問題には目をつぶって済ますことができたのである。

ここであえてウォーラーステインの能力主義に関する考え方について触れておくのも、意義あることであろう。この点については私も拙著の中で言及しており、能力主義とは、ビル・ゲイツがいかにスーパーマン的な個人能力を持っていようとも、７兆円を超える個人資産は、結局のところ他人の能力を収奪する「能力主義システム」であり、まさに「システム」なのである、と。ウォーラーステインは、次のように指摘する。

つまり、科学的文化は、かつては「才能にもとづく自由競争 La carriere ouverte aux talents」と呼ばれ、今では「能力主義社会（メリットクラシー）」として知られている概念にぴったり適合したのである。社会的文化は、全体としての労働力配置のハイアラキーを脅かすことなく、個人の流動性を保障しうるような枠組みを生みだした。というより、能力主義の社会は、既存のハイアラキーをむしろ強化したものだともいえよう。

ただ、資本主義の文明にはそれまでのシステムと異なる点が二つあった。第一に能力主義が、たんに事実上の実態としてあるというのではなく、公式の徳目として宣言されたということである。つまり、これまでのシステムとは文化が違っているのである。第二には、世界の全人口のなかで、このような昇進が可能な人びとの比率が上昇してきた、という事実がある。しかし、上昇したとはいえ、能力主義による昇進はなおほんの少数の人びとにしか認められていない。というのは、能力主義は、本質的に間違った普遍主義だからである。

能力主義は本質的にエリート主義なのである。さらに、能力主義を実践しているとされる諸制度が、実際には、どこまで能力に基づいて判断をしているかも調べてみなければならない。

以上、ウォーラーステインが指摘するように、それが不等価交換であれ能力主義であれ、それらは結局のところ私が言う「形式的」あるいは「外面上」において、その実態が隠蔽され、正当化されているにすぎない。その内在的実態は不等価交換であり、また、公式の徳目として宣言された間違った普遍主義、およびどこまで能力に基づいた判断をしているかである。その事実には危うさも残る。

さて、「不等価交換システムとしての資本主義」に話を戻すと、つまり、不等価交換によって経済社会の内部にまた世界システムの中に格差と不平等が拡大するのは必然であるが、これについてもウォーラーステインは前掲書の中で、次のように述べている。

　この危機の第一の、そしておそらくもっとも根本的な局面は、いまや万物の商品化が完結の域に近づいているということである。つまり、史的システムとしての資本主義はあくなき資本蓄積を追及してきた結果アダム・スミスが人間にとって「自然な」状態だと主張したにもかかわらず、歴史的にはいまだかつて存在したことのない状態に近づきはじめているわけで、まさにこの事実そのものによって危機に陥っているのである。「ひとつのものを別のものに交換し、交易し、取り替えたいと思う性向」が、従来は触れられることのなかった分野や地域にも浸みわたり、商品化の過程を促進する圧力には、ほとんどブレーキが効かなくなっているのである。市場とは社会的生産関係を隠蔽するヴェールだ、と論じたのはマルクスである。しかしこの主張が正しいと言えるのは、次のような理由においてだけである。すなわち、直接的で局地的な余剰の収奪に比べれば、間接市場による――

つまり、地域外からなされる——余剰の収奪はなかなか知覚されないだけに、世界の労働者のために政治闘争を展開するのは至難だという意味でしか、マルクスの言い分は肯定できないのである。むしろ、「市場」は一般的な尺度である通貨の量つまり、価格をベースとして動いてきただけに、搾取の実態を覆い隠すどころか、おおっぴらにしがちであった。そこで資本蓄積者が政治的救命ネットとしてあてにしてきたのが、労働のうち金銭で測られてきた部分はほんの一握りにすぎないという事実である。ところが、労働力の商品化がどんどん進行し、世帯が商品関係の結節点となってゆくにつれて、それだけいっそう余剰の流れが人目につきやすくなってきているのである。この結果、政治的抵抗の圧力が強まり、資本主義経済そのものが、ますます政治的動員の直接目標になってしまう。したがって、資本蓄積者は労働力のプロレタリア化を促進するどころか、できるだけそれを遅らせようとすることになる。しかし、かれら個人の利害と階級全体としてのそれが矛盾するだけに、ひたすらその方向に向かうというわけにもいかないのである。

この過程は着実に、休みなく進行しており、「世界経済」があくなき資本蓄積によってつき動かされている限り、抑制することはできない。資本主義という世界システムは、疲弊の原因となる行動を抑えて寿命をいくらか延ばすことはできるかもしれないが、すでに死の影が絶えず地平線のあたりに漂ってもいるのである。

資本蓄積者がこの延命を図る場合のひとつのやり方は、ある種の政治的束縛をシステム内に組み込む方法であった。この束縛によって、反システムの諸運動を公然たる組織をつくって国家権力の奪取を基本戦略とする以外にない状態に追い込むのである。反システムの諸運動にとっては、実際にはまったくほかにとるべき方法はなかったのだが、この戦略はまた自己制約的でもあった。

しかし他方では、すでにみたように、この戦略そのものがもつ矛盾が、政治面での危機の原因となってきたことも事実である。むろん、ここで言っているのはインターステイト・システムの危機ではない。インターステイト・システムそのものは、なおそのハイアラキー的構造を維持し、反対運動を抑え込むというその第一の使命を十分に果たしているからである。ここでいう政治的危機とは、反システム運動そのものの危機である。社会主義運動とナショナリズムのそれとの区別が曖昧になりはじめており、こうした運動が次々と国家権力を――それに付随する諸々の制約をもひっくるめて――握るにつれて、世界の運動をひとつの集合体としてみると、一九世紀の諸分析が示した純粋な評価は再検討せざるをえなくなってきた。資本蓄積者が資本の蓄積に成功すればするだけ、肝心のシステム自体を脅かすほどに行き過ぎた商品化をひきおこしたのと同じように、反システムの諸運動が次々と権力の奪取に成功すると、世界の労働者層がこの自己制約的な戦略を採用することで崩壊の危機に瀕するはずであったシステムそのものの、あまりにも強力な援軍となってしまったのである。

資本主義という史的システムはひどいものであったことは周知のとおりだし、しかも歴史の進行について、まさにそれが大成功をおさめたがゆえに良くないどころか、どんどん悪くなってきているというのが、私の率直な見解である。格差の拡大が見落とされて大きな論争の的にならないのは、第一に、実力社会というイデオロギーがうまく機能して、個人の流動性をかなり保証し時には労働者の中の特定の民族、職業集団そのものにも流動性が生じたことであり、その実力主義イデオロギーは、個人が努力をしさえすれば上の階層に上昇できるといった幻想である。

第二の理由としては、従来のおよぼす圧力と経済そのものが成熟点に近づいているという事実とによって、絶対的両極化の速度がいくらか鈍りつつあるかもしれないということがそれである。（邦訳、初版一九九六年）

いずれにせよ、「不等価交換システムとしての資本主義」の交換様式、不等価交換については、それはもちろんここでの資本主義は産業革命以来の近・現代資本主義そのものであり、その歴史的視点から分析を始めるのは当然である。その歴史的理論展開の未来形としての構造に対して、私は次のことを論証しようとするものである。すなわち、それは、「否定の否定」の弁証法によって、不等価交換から等価交換へ、そしてそれをさらに否定して、同時に「人間的不等価交換」の経済社会を実現することなのである。その意味するところは、労働力商品化、健常者の平均的労働能力、社会的平均労働量を三位一体のものとしてダイナミズムに止揚することである。つまり、それは、「不等価交換システムとしての資本主義」の「否定の否定」の弁証法によって創造する「人間的不等価交換」の世界である。互酬性、相互扶助、贈与の連帯経済なのである。

〔三〕柄谷行人・水野和夫の見解

一方、交換様式を世界史から分析・展開したのが、柄谷行人氏の『世界史の構造』（岩波書店）である。

交換様式から見た世界史の構造には、「社会構成体の歴史において重要なのは、それを抜本的に変えてしまうような、支配的交換様式への移行である。第一に、交換様式Ａが支配的であるような社会構成体への移行、第二に、交換様式Ｂが支配的であるような社会構成体への移行、第三に、交換様式Ｃが支配的であるような社会構成体への移行である。言い換えれば、それぞれ氏族社会の形成、国家社会の形成、産業資本主義社会への移行である。」としている。交換様式ＢとＣによって抑圧された交換様式Ａの高次元での回復が、交換様式Ｄ、Ｘとなる。これについてはのちに論ずることとなろう。

ウォーラーステインの『近代世界システム』と『史的システムとしての資本主義』、柄谷行人氏の『世界史の構造』が、はたして私の「不等価交換システムとしての資本主義」の「人間的不等価交換」とどのように関連づけられるか、私にとってもいたって重要である。論を前に進めるにしても、ここで再びウォーラーステインの『史的システムとしての資本主義』」の現状分析とその見通しについて耳を傾けることにしたい。

この危機の第一の、そしておそらくもっとも根本的な局面は、今や万物の商品化が完結の域に近づいているということである。つまり史的システムとしての資本主義は飽くなき資本蓄積を追及してきた結果、アダム・スミスが人間にとって「自然な」状態だと主張したにもかかわらず、歴史的には今だかつて存在したことのない状態に近づき始めているわけで、まさにこの事実そのものによって危機に陥っているのである。

資本主義という世界システムは、疲弊の原因となる行動を抑えて寿命をいくらか延ばすことはできるかもしれないが、すでに死の影が絶えず地平線のあたりに漂ってもいるのである。

資本蓄積者が資本の蓄積に成功すればするだけ、肝心のシステム自体を脅かすほど行き過ぎた商品化をひきおこしたのと同じように、反システムの諸運動が次々と権力の奪取に成功すると、世界の労働者層がこの自己制約的な戦略を採用することで崩壊の危機に瀕するはずであったシステムそのものの、あまりにも強力な援軍となってしまったのである。

史的システムとしての資本主義の危機は、資本主義から社会主義への移行過程の反映とみなされることが多い。こういう表現が間違いだとは思わないのだが、だからといって、このように言うことはとくに意味があるとも思えない。というのは、社会主義的な社会秩序――すべての人間の間で、物質的な福祉の点でも、政治権力の点でも格差や不公平が決定的に少なくなるような世界秩序――がどのように機能していけるかは、だれにも分かっていないことだからである。社会主義を標榜している既存の国家や運動は未来を指し示すガイドとしてはほとんどなんの役にもたたない。それらはあくまで現在の現象であるにすぎず、したがって歴史的・資本主義的な世界システムの中で起こっている現象であるにすぎない。

未来の世界秩序そのものは我々のほとんど想像もつかない仕方、予見などしようもない形で徐々に形成されつつあるのだ。

と、これは、『資本主義の終焉と歴史の危機』（中央公論）を書いた水野和夫氏の見解でもある。終焉を予見しながらも、その後にやってくる新たなシステムが何であるかを予見できないとするものである。

では、我々はということになるのだが、それもまた容易なことではない。なぜなら、資本主義の根本矛盾とその非人間的な本質を理解したとしても、また、未来永劫続くものではないということを確信したとしても、だからといって、それを正統派マルクス主義者のように、資本主義から社会主義への移行が歴史的に必然だということにはならないからであり、また同時にその後の新しい経済社会システムがあらかじめユートピアとして用意されているわけではないからである。もはや我々は歴史の中に「国家」社会主義の現実をみてしまった。

しかも、あわせて世界システムを現状分析の対象におけば、一国資本主義を世界システムの中に、そしてその世界システムの外部から今度は一国資本主義を同時に止揚・変革していかなければならないことになる。この場合の「同時」とは、柄谷氏が言うような「世界同時革命」と意味を同じくするものである。しかし、それは時間的概念というよりはむしろ世界システムの包括的移行という概念としてとらえるべき「同時性」なのであろう。

いずれにしてもそれはまさしく天文学的な想像力が求められることとなる。それだけに、ひとえに、人間に対してどれほどの倫理的正義や信頼を無条件に期待できるかがかかっている。それが我々に一層困難を強いているのでもある。

なぜなら、既成の人間は、特に先進国においては物質の豊かさと生存保障の充実といった保障論を重視しており、なおかつ、進歩至上主義に陥ってもいるからであって、資本主義を超えたオルタナティブな豊かな人間的関係性、生き方、働き方、そのような関係の変革を求めているとはなはだ言い難いところもあるからである。世界の物質的豊かさを享受している先進国に住む我々は、かつての中間層の豊かさにその幻影と郷愁をもとめ、ひたすら国家の政策に対してよりよい政策選択を標榜する傾向があるからである。言い換えれば、変革より安定性への過度な欲求、自己防衛的な保守性が強いということでもある。確かにマズローの欲求理論はそれを言い当てているかもしれない。

そのことを根本から問い直すためにも、次に「贈与」の哲学と経済学の可能性について検討する必要があろう。すなわち、私が言うところの「不等価交換システムとしての資本主義」を「否定の否定」の弁証法に基づいた「人間的不等価交換論」であり、柄谷氏の「交換様式D、X」のアソシエイション、協同組合のことになろう。そのような世界観を歴史に登場させることがはたして可能かということである。

さて、本節を閉じるにあたって誤解のないように最後に書き添えておかなければならないのは、ウォーラーステインにしろ私にしろ、資本主義が不等価交換に基礎づけられている経済であるという認識が、あたかも市場における価格理論を理解せず、等価交換を無視しているかのような点である。ポランニーがいうように、価格とは決して商品の属性などではなく、商品生産者間に取り結ばれた関係である。」からである。つまり、資本主義が形式的外面上では等価交換を装いながら、実は、その実質的な実態においては市場を通して不等価交換を内在的に隠蔽していることに驚くほど成功しているということである。

また、ウォーラーステインがマルクスの批判に際して、

市場とは、社会的生産関係を隠蔽するヴェールだ、と論じたのはマルクスである。しかし、この主張が正しいといえるのは、次のような理由においてだけである。すなわち、直接的で局地的な余剰の収奪に比べれば、間接市場による――つまり、地域外からなされる――余剰の収奪はなかなか知覚されないだけに、世界の労働者のために政治闘争を展開するのは至難だという意味でしか、マルクスの言い分は肯定できないのである。

と書いている。つまり、私がハンカチの生産にあたっての搾取の構造を不等価交換のシステムとしたことに加えて、ウォーラーステインの世界システムとしての自由貿易の不等価交換もシステム論から論じれば、「不等価交換システムとしての資本主義」が必ずしも誤謬にはあたらないということである。それをふまえたうえで、「否定の否定」の弁証法による「人間的不等価交換」に密接にかかわってくる贈与と互酬性の交換論について、次に検討してみよう。

第2章　贈与の哲学と経済学

ロマン主義哲学の一部に「人間は自然に帰れ」という主張があるが、私は「人間の自然に帰れ」という。動物は基本的に子どもを母親が単独で育てるのだが、人間としての進化の中で、単独ではなく協同で子ども・幼児を育てるように進化したのである。動物と違って、人間は本来子ども・幼児を協同で育てることしかできない存在に進化した。

脳科学でも最近、そのことが明らかになってきた。だから、私は、子ども・幼児を協同で育てるという「人間の自然」「人間だけが持つ自然」に帰れというのである。

協同こそが人間なのである。人間の本質なのである。

アフリカにヴァガ族という部族がいて、そこでは、母親が森の中へ出かけるときにも残った女たちが皆で子ども・幼児をみる。それが自然の風景になっている。ところがこれに対して、私たちの周りはどうか。核家族の中で、子育て中の母親は孤立し、孤独と不安の中で子育てをしなければならない。また、たとえ保育園や幼稚園があるにしても、〇歳児保育が用意されているにしても、相手は職業としての施設の専門家であり、異動もし、そもそもお互い協同生活の基盤が失われている関係にある。「人間の自然」「協同の自然」が奪われ、崩壊しているのが現代なのである。ちなみに、この場合の子育ての協同が、母親だけでなく男女の協同に社会化されてきたことはいうまでもない。

また、脳科学では意外にも母性本能を「本能」とはみていない。人間にとって母性本能は必ずしも「本能」とは言えないのである。兄弟姉妹、近所の子どもが多くいる中で、面倒をみながら母性本能も育つという。だから、今や一人っ子か二人、多くても三人程度というのが現状である。しかも、近所にも子どもが少ない。そんな環境で若い母親に、「今の母親は子育てもできない」と不満をもらしても、そんな社会環境を作ったのは、特に60年代の高度経済成長を経て核家族化の生活環境を作ったのは、不平不満を言うその人たちではなかろうか。

さて、本章では、「人間的不等価交換論」を可能にするための贈与の哲学と経済学についての基礎的検討を行ってみたいと思う。それには、まず、共生社会・主義における「共生」についての理論的検証から始める。

私の説である「共生の遺伝子説」は、動物行動学者のドーキンスの「利己的遺伝子説」、ハミルトンの「血縁淘汰説」に由来して発展させたものである。その個所を拙著から掲載することとしよう。なぜなら、ドーキンスの「利己的遺伝子説」も実は本章の贈与と互酬性に深くかかわってくるからである。

まず、私の「共生の遺伝子説」において、なぜ、どのように「共生の遺伝子」を進化の過程で人類がそれを形質として獲得したかについて簡単に説明し、そのうえで、ドーキンスの「利己的遺伝子説」の「利己」と「利他」に関連した拙著の『「共生の遺伝子」の仮説から説へ』をここに掲載する。

ドーキンスは、生物の生存は種の保存ではなく、個体を乗物としたＤＮＡ（遺伝子）の生き残りの戦略と解く。そしてハミルトンは、さらに一見利他的とも見える行動を「血縁淘汰」によるものと解く。

動物行動学としては人間も動物であるから、「利己的遺伝子」「血縁淘汰」に支配されて行動する。しかし人間は動物であると同時に、その例外者でもある。つまり、私は、動物の例外者としての人間は「共生の遺伝子」によって支配された行動もとるとしている。しかもそれは、神の啓示や道徳律によってではなく、人類の進化の過程で「共生の遺伝子」を形質として獲得したものと考える。

ドーキンスの「利己的遺伝子説」では、例えば雄ライオンなどは子殺しをするのであるが、それは種の保存からでは説明がつかないとしている。種の保存なら子殺しをする必要がないからである。ではなぜ、子殺しをするのか。それは雌や子どもの群れ（パイロット）を新たに獲得した雄は、子育て中の雌が交尾をしないため子を殺し、雌に発情させて、自分の子（子孫）を産ませるのである。個体の子孫を残すために、ＤＮＡ（利己的遺伝子）が自ら生き延びるために戦略としてこうした行動を個体にとらせる。インドに住むベンガル虎の場合も、子の死亡の半分は雄に殺されるという調査結果もある。

しかし、「利己的遺伝子説」だけでは説明がつかないこともある。ミツバチの働き蜂は女王蜂のために、スズメバチと戦って死ぬ。「利己的遺伝子説」なら逃げるはずである。女王蜂のために戦って死ぬことはありえない。この一見利他的ともみえる行動を、ハミルトンは「血縁淘汰説」によって説明した。親子、兄弟などの血縁がそのような行動をとらせるのである。

人間も動物である。動物は「利己的遺伝子」「血縁淘汰」によってのみ支配され行動するが、人間は同時に動物の例外者でもあるので「共生の遺伝子」に基づいても行動する。

私たちの祖先は森の木の上で生活していた。しかし祖先は、安全な木の上から地面に降りる。さらに森から、肉食獣がいる危険なサバンナに出ていく。なぜこうした行動をとったかは進化論でも説明できない。人間は哺乳類の中でも体が大きく、目立ち、牙も角もない。足も遅い。私たちの祖先が危険なサバンナで生き延びて絶滅しなかったのは、不思議といえる。それは何よりも、祖先が助け合い仲間同士で共に生きたからである。動物は基本的に単独で生存できるが、人間は単独では生存できなかった。

この進化の過程で、子殺しもしない新化によって、人間は「共生の遺伝子」を形質として獲得したのだと、私は唯物論的進化論からそれを解く。（拙著41ページ）

〔二〕「共生の遺伝子」の仮説から説へ

『神は妄想である』（早川書房）の中で、ドーキンスは、道徳と宗教とは直接関係なくダーウィン主義の自然淘汰において道徳を説明し、利他的行動もそのように見ている。私も実は、人類が進化の過程で「共生の遺伝子」を形質として獲得し、むしろ道徳律や宗教、政治的スローガン以前にそれを獲得したと仮説を立てたのである。私のこの仮説はおおむねドーキンスの理論とほぼ同じであり、「仮説」から「説」になりうると確信した。ただドーキンスは、ダーウィン主義の自然淘汰における動物行動学の視点から道徳と利他的行動を理論的に説明している。私の場合は、「社会的存在が人間の意識を規定する」という観点から社会的環境論の重要性、つまり利己的遺伝子かあるいは共生の遺伝子のいずれの遺伝子がそれによって出現しやすいかを決定づけ、社会環境、経済構造、および価値論にその規定の根拠を求めているのである。自然科学から社会科学への転換に他ならない。

つまり、それは私の「共生の遺伝子説」において一層明らかになるのだが、利己的遺伝子に支配されることに対するドーキンスの「利己的遺伝子説」に向けられた唯物論者からの批判も、その曲解とともに「利己的遺伝子説」と同様にその決定論においてもなんら敵対・矛盾するものではないということである。あわせてドーキンスを擁護すれば、ダーウィン主義の自然淘汰に基づいた「利己的遺伝子説」が、利他的行動をもたらせる進化の過程を遺伝子伝達と文化伝達、遺伝子とミームの関係にまで高めたことに評価を与えてよいであろう。

それでは、『神は妄想である』に従って、ドーキンスのダーウィン主義の自然淘汰とその進化における「利己的」から「利他的」への理論展開を検証してみたい。

ダーウィン主義の論理によれば、自然淘汰の篩の目をくぐって生きのび伝えられる。生命の階層秩序における特定の単位が利己的な傾向をもっていることになる。世界のなかで生き残る単位とは、この階層秩序のなかで、自分と同じレベルにいるライヴァルを犠牲にして生きのびることに成功したものである。厳密にはそれこそが、この文脈で利己的という言葉が意味するものである。問題は、その作用の舞台となるレベルはどこか、ということだ。力点を正しく、後ろのほうの単語（遺伝子）に置いた、利己的な遺伝子という考えの趣旨は、自然淘汰の単位（つまり利己主義の単位）は利己的な個体ではなく、利己的な集団でも、利己的な種でも、あるいは利己的な生態系でもなく、利己的な遺伝だということにある。情報という形で、多数の世代にわたって生き残るか、残らないかというのは遺伝子なのである。

と、ドーキンスは利己的遺伝子の存在様式をこのように説明し、個体は利己的遺伝子の乗り物で、生きのびるための戦略にすぎないとしている。しかし同時に、一見したところ、進化は自然淘汰によって推進されるというダーウィン主義の考え方は、私たちがもっている善良さ、あるいは道徳心・礼節・共感・憐れみといった感情を説明するのには適していないように思える。空腹感・恐怖・性欲についてなら、自然淘汰でたやすく説明できる。すべて、私たちの遺伝子の生き残りないし存続に直接貢献するからである。しかし、泣いている孤児、孤独に絶望した年老いた寡婦、あるいは苦痛にすすり泣く動物を見たときに私たちが感じる、胸が痛むような思いやりの気持ちについてはどうだろうか？

と、ドーキンスは問う。更に続けて、「善良さは、『利己的な遺伝子』説とは両立しえないのではないのか？」そしてその後すぐ「いや違う、これはこの理論についてよく見られる誤解」と答えている。

人類は血縁の小さな集団ごとに群れをつくり、その意味ではハミルトンの血縁淘汰説に立って、そしてその後集団と集団の関係が利他的な行動をも生みだして進化してきたと、ドーキンスは理論づけるのである。それは次のように説明できる。

ふつう、この遺伝子の利己主義は個体の行動における利己主義を生み出す。しかし、いずれ述べるように、遺伝子が個体レベルにある限られた形の利他主義を助長することによって、もっともよく自分自身の利己的な目標を達成できるような特別な状況も存在するのである。（ドーキンス著『利己的な遺伝子』紀伊国屋書店　書評ピーター・メグワー卿「公共の利益のために」）

本章に関連して重要な点は、ダーウィン主義にもとづくまっとうな理由が四つできたことになる。第一に、遺伝的な血縁という特別な場合がある。第二に、互恵性、すなわち与えられた恩恵へのお返しと、お返しを『予測した』上で恩恵を与えることがある。これから派生する第三のもの、すなわち気前よく親切であるという評判を獲得することのダーウィン主義的な利益がある。そして第四に、もしザハヴィが正しければ、誤魔化しようなく認証される広告効果を得る手段としてのこれ見よがしな気前よさにより得られる特別な付加的利益がある。

先史時代のほとんどを通じて、人類は四種類の利他行動のすべての進化を強く助長したと思われる条件のもとで暮らしていた。（中略）私たちの群れのメンバーのほとんどは血縁者で、他の群れのメンバーに比べてより近縁であっただろう――血縁淘汰が進化する機会はたっぷりあった。そして、血縁であろうとなかろうと、私たちは一生を通じて、同じ人間に何度も繰り返し出会うことになっただろう──互恵的利他主義の進化にとって理想的な条件である。

として、功利主義に向かう遺伝的傾向が初期人類において推進されたとみている。

このように、ドーキンスは、ダーウィン主義に基づく人類の進化、利己的から利他的への進化が理論的になんら矛盾するものでないことを明らかにした。それが私の、「利己的遺伝子説」、「血縁淘汰説」、「共生の遺伝子説」の進化の過程なのである。

ドーキンスがダーウィン主義における淘汰から「利他性」を導き出したことについて、私の場合、人類が進化の過程で獲得した「共生の遺伝子」が、社会環境によって「利己的」か「共生」かのいずれの遺伝子が出現しやすいかという、自然科学から社会科学への環境決定論への道を開いたのである。その「共生の遺伝子説」を基礎にして、倫理的正義と道徳に信頼をおき、交換様式における贈与と互酬性の連帯経済、共生社会・主義経済を創造することに基づくのである。

ところが、それが、「不等価交換システムとしての資本主義」、価値法則に支配された資本主義、資本の自己増殖を目的にした資本主義、人間（労働者）を自己増殖のための手段・労働力を商品化した資本主義では、とうていそれもかなうべくもない。人間はそこから自由でなければならない。自由経済から経済の自由でなければならないのである。つまり、「見えざる神の手」から「見える人間の手」に変わらなければならない。その「人間の手」によって、自由に経済を創造して、またそれができるのである。その可能性をポランニーの「マルクスにおける『ある』と『あるべき』」(『市場社会と人間の自由』、大津書店)から紹介しよう。

[二] マルクスにおける「ある」と「あるべき」(ポランニー)

社会主義の世界像――「ある」世界――と世界観――「あるべき」世界――はそのように一つの単位をなしている。論理学にとって「ある」と「あるべき」とのあいだに開いている裂け目は、人間的であり人間的でしかない存在のもっとも内面的な立場によって克服される。人間について語る人は、「ある」と「あるべき」が一つになったもののことを語っているのである。物として、動物としては、人間というものは裸である。人間は裸の存在である。しかし、われわれの世界の、人間世界の尺度および意味としては、人間はあるべきものの総体である。人間と他の生物あるいは物との違いは、裸の存在間の違いである。人間であることが人間にとって何の意味もないとしても、人間は他の種族とは異なる一つの動物種族、他の物から区別される一つの肉体的な物ではあるだろう。しかし、私が他の人間とは区別される一人の人間について、彼は他の人間よりも人間的であり、他の人間以上の人間であり、本当の意味で人間であり、つまり人間の存在は他の人間はこの名前にふさわしくない、と主張する場合には、これは別のことを、つまり人間の存在は本質についてではなく、人間のあるべき本質についての判断を意味している。この判断の意味は、他の判断の意味と同様にひじょうに明確である。マルクスが「市民的」社会の代わりに「人間的」社会を望む場合、それはこの判断の意味で理解すべきである。二つの社会はともに人間からなるが、今日の社会は人間的ではない（マルクスが人間的なものの存在についての見解を体系的に説明した箇所はどこにもない）。

それにもかかわらず、人間存在のこの社会主義的理想は、市民社会に対する社会主義的批判の支柱でありつづけている。マルクスの全著作は、人間が人間になることを許さない市民社会に対する唯一の有罪判決であった。資本主義経済とその法則に対する彼の批判は、市民的世界の一断面に即してその本質的な品位のなさ、その非人間性を証明しようとする唯一の試みであった。時代を告発する文献、貧困哲学と貧困小説―その多くは高貴な精神の著作である―は、資本主義的諸関係の不正に対する怒り、大衆のなんともひどい悲惨さに対する怒りをかきたてた。そしてそれらの多くはすでにマルクス以前に、そのような社会秩序のなかでは富者の生活もつまらなさと虚偽のうちに消え去るに違いないことを見抜いていた。その必然性をもって階級分裂を生じさせるに違いない、ということである。しかし、マルクスはさらにもう一つのことを見抜いていた。それが彼の人類史的重要性をなす。彼は、資本主義社会は不正なだけでなく、不自由でもあることを把握していたのである。

法則がすべての個々人の生活を支配する社会状態には、自由が欠けている。そしてこの外見上の法則が実際にはわれわれ自身の行動の事実にすぎないことを、われわれの理性は理解することができる。労働者だけでなく資本家も、マルクスが見たように市場法則に隷属しており、資本家がその法則を使って自分たち自身を安楽にし、労働者を貧困なままにしておく場合でも、彼らはその法則の臣下にとどまっている。資本家にはこれ以上の経済的公正を許す分別が欠けているということではなく、彼らがこの分別をもっていたとしても、それでも経済の外見上の主人である彼らには、その可能性が与えられていないだろうということである。そこにマルクスは、人類の現在の状態が底知れないものであることを見た。だから彼は分別を説くのではなく、その分別が実効性をもつ社会のための闘争を説いたのである。

だからマルクスは、理想主義に固有の影響力を認める理想主義者さえも拒絶した。マルクスが人間社会を、自分で目的を設定する能力のない物理学的原子の単なる一塊と等しいもののように考えたかのようだ、というのではない。そうではなく、資本主義社会においては、自分の意志にかかわらず、ないとはいえない個々人の誠実な理想主義にもかかわらず、人間は意志のない単なる原子であるかのように振る舞うしかないからであり、彼らすべてにとって理想主義は、ひじょうに強力な複雑さの物言わぬ強制力に対しては無力だからである。これは高等な恐ろしい分別であり、そこからマルクスにはわれわれの世界が地獄に見えたのである。価格の数字の目に見えない糸を、マルクスはどれほどありありと具象的に見たことか。その糸が、個々人や大衆全体をときには工場から失業の悲惨へと力ずくで引っ張り、ときには出来高払い賃金の斜面の上を働きすぎの消耗へとすべり落ちさせ、ときには熱狂的な好景気の最中に突然、資本家とプロレタリアが悲嘆にくれるなかで工場の死者たちの棺の蓋を打ち付けて閉じるのである。そして同時にマルクスが見抜いたのは、嘆き悲しむ者自身がみな自分では知らないままに、どのようにしてこの糸を紡ぎ、罠を仕掛け、夢うつつのまま自分が縛られてしまうまでその罠を引っ張ったか、ということであった。マルクスは人間を見たのだが、等しく目をくらまされた奴隷である人間が、自分では知らないままに自分で結んだ結縄文字を使って、自分たちの運命をどのようにして手探りで調べたか、ということを見たのである。（『市場社会と人間の自由』五六〜五八頁）

ポランニーの以上の文章の中で特に注目すべき箇所は、そして本章としても重要なのは、「マルクスが『市民的』社会のかわりに『人間的』社会を望む（中略）人間存在のこの社会主義的理想は、市民社会に対する社会主義的批判の支柱であり続けている。マルクスの全著作は、人間が人間になることを許さない市民社会に対する唯一の有罪判決であった。資本主義経済とその法則に対する彼の批判は、市民的世界の一断面に即してその本質的な品位のなさ、その非人間性を証明しようとする唯一の試みであった。」および「法則がすべての個々人の生活を支配する社会状態には、自由が欠けている。」という内容である。

すなわち、資本主義的経済社会の概念における「法則」と「自由」、そこから資本主義を超える社会の解放された人間の状態は、市民社会にかわって私がいうところの「共民社会」ということになる。したがって、資本主義の止揚・乗り超えるとは、経済的価値法則から自由になることである。

それでは、次に、資本主義を止揚したのちの贈与と互酬性の哲学について考えを前に進める。この問題に関しても、まずポランニーの前掲書から重ねて引用する。

その問題提起として、『市場社会と人間の自由』の序文に、ポランニーの考え方の一端が示されている。つまり、歴史的観点から示されているのである。以下それを引用すると、

ポランニーは、有史であろうと有史以前であろうと人類の歴史のいかなる時代においても、共同体全体が困難に陥っていなければ、個人または個別家族が困窮に陥ったり飢えに苦しむ状態に捨て置かれることはなかった、ということを結論づけた経済人類学者の研究から大きな影響を受けた。初期社会では、凶作が深刻な食糧不足をもたらしたが、共同体の他の人々に食料の余裕があるかぎり、個別家族が生活の基本的な必需品を欠くことはなかった。飢えの恐怖と利得欲が経済生活の推進的動機になりうるという思想は、一九世紀初頭以来の、歴史的にはごく最近のものなのである。

ここで特に注目すべき点は、「飢えの恐怖と利得欲が経済生活の推進的動機になりうるという思想は、一九世紀の初頭以来の、歴史的にはごく最近のものなのである。」というくだりで

ある。この見解に反論する人たちも多くいるだろう。資本主義者はもとより、文明の発達が人類を幸福に導くとする進歩主義者、技術と生産力の発達が「経済生活」を推進させると無条件に容認し、利得欲と進歩はしょせん表裏一体のものであると考える人たちも多くいるであろう。進歩への幻想の呪縛から自由ではない人たちである。だから、こうした人たちは進歩や発達を抽象概念化して、現状の中で「いいものはいい」と無批判的にそれらを受け入れるのである。

一九世紀から二〇世紀中葉にかけて自然は無限だと信じられていた時代、先進諸国が途上国（南）から安価な資源を収奪して経済成長を一時的に安定できた時代、しかしこれまでのような客観的な諸条件が行き詰まりを見せるとともに、利潤追求の資本増殖を目的にした資本主義経済の構造的限界と矛盾もみえてきた。といって、資本主義が自壊するという楽観的な待機主義に立つことはできず、たとえ大恐慌や戦争が起きてもまた世界資本主義は資本主義としての新たなシステムで動き出す可能性が高いといえるであろう。先進国においては特にその危機を乗り超える唯一の方法が、国家社会主義だとするには残念ながら歴史的にも現実的にも不可能に近い。すでに、国家社会主義の信頼が失墜してしまっているからである。

そのためには、大恐慌や戦争の危機に一挙に革命を行うという従来型の戦略ではなく、資本主義の根本矛盾を超えるための理論と実践が常に現実の中に構築されなければならない。それにはなによりも、資本主義的生産様式における労働力商品化の廃絶とその止揚をめざして、かつ、実践的にはそれを労働と労働の実質的等価交換から形式的および実質的不等価交換、共同体的あるいは人間の類的共生・共働の労働観に立ちうることができるかということである。歴史的には、ごく最近の飢えの恐怖と利得欲によるものではなしにである。

［三］ 矢野智司著『贈与と交換の教育学』をめぐって

続いてこれまた長い引用になるのだが、贈与と互酬性の哲学と経済学の本質に迫ることのできる理論でもあるので、矢野智司著『贈与と交換の教育学』（東京大学出版会）から多くを掲載することとする。

しかし、最近になってこの問いは、自分はなぜ罪と罰の間の均衡が合わなければいけないと感じたのだろうかという、別の問いに取って代わるようになった。罪と罰が釣り合いのとれた等しいものでなければならないというのは、言い換えれば、罪と罰が等価として交換されることを前提としている。この等価交換の思考自体がむしろ不可解さを生み出す正体ではないのだろうか。そして、この思考法に回収できない事象を、不可解なものと捉えてしまうのは、つまるところ、等価交換を超えた事象に正面から向かい合うことに、私たちがなにかしら恐れや畏れのようなものを抱いているからではないだろうか。もしこの問いが正しい方向に向けられているとするなら、この交換の均衡という思考法は、交換を超える事象にたいする私たちの感受性を鈍らせているのではないかという、新たな問いにつながっていく。

なぜこのような問いを本書の中で提示するのかというと、教育をはじめとして、看護や福祉のように、人間に直接かかわる実践には、交換の均衡を超えた出来事が生起しているにもかかわらず、その実践を反省し指導する理論の方は、均衡を求める根深い交換の思考法に想定されているために、その出来事をうまく捉えきれていないのではないか、そしてそのため、それらの実践の理解を歪めるばかりか、そのような領域で働く人々の職業倫理をも不十分なものにしているのではないかと思われるからである。

正確には、これらの理論は単純に交換の理論に基づいているのではなく、合理的な計算に基づく市場交換とは異なる原理を模索し続けてきた。そのためこれらの理論では、市場社会における交換とは物の次元の財貨や人に移動を表すために、人類学や経済人類学で発展してきた「互酬性（reciprocity）」という概念が使用されている。互酬性とは、贈与とそれにたいする返礼とが釣り合っている関係、あるいはそのように釣り合わせる相互の行為を指し、平たくいえば〝give and take〟のことである。

経済人類学者ポランニー（Polanyi, K）は、市場経済社会が成立する以前の、そしてより普遍的でもある非市場経済社会における社会的経済行為を研究した。そのような市場経済社会においては、経済は社会のうちに埋め込まれており、市場交換には回収できない別の経済の形態が働いており、そのような形態と捉えることなしには、経済行為を十分に理解することはできないと考えた。そこで、ポランニーはそのような形態として「市場交換（market exchange）」のほかに「再分配（redistribution）」、そして「互酬性」という概念を導入する。「市場交換」が、任意の集団や個人の間での単発的な財物の交換を意味するのにたいして、「再分配」というのは、王や国家といった政治的または宗教的な中央権力へ社会的義務として財物を支払うことと、そこから反対に周縁へと配分されることである。そして「互酬性」というのは、職能組合や血縁関係や友人関係といった対称的な関係において、社会的義務となっているような贈与行為のことである〔Polanyi66=2004（1981）：16〕。この「互酬性」の概念は、モースが「贈与交換」の例としてあげていたマリノフスキー（Malinowski. B.K.）のクラ交易が例として引かれていることからもわかるように、モースの「贈与交換」にあたる。

よく知られているように、このポランニーの研究を受けてサーリンズ（Sahlins. M.D.）は、この用語を広義に捉え直して、国家を持たない未開社会の交換形態を、「一般的互酬性」（利他的なもので一方的に与え見返りは要求されない）、「均衡的互酬性」（受け取ったものと等価なものを短い期間に変換する必要がある）、「否定的互酬性」（一般的互酬性とは逆に利己的であり利益を目指して行われる活動の背後にある理論）の三つの類型に分けている〔Sahlins 1972＝1984：230-236、川北編 1994：269-271〕。このように互酬性の概念は、これまで述べてきたモースの贈与交換論を拡張したものということができる。

市場交換になじまない交換の事象を捉えるうえで、この互酬性は応用範囲の広い概念である。イリッチ（Illich, I.）は「ヴァナキュラー（vernacular）」な事象を捉えるさいに、やはり「互酬性」という用語を使用している〔Illich 1981=1998:118〕。ケアや子育てや介護といった家政に関わる諸事象は、互酬性的な性格をもっており、合理的な市場交換とは異なる性格を捉えるには有効なものである。またノディングズ（Noddings, N.）は「ケアリング（caring）を互酬性の倫理と定義している（翻訳では「助け合い」となっている）〔Noddings 1984=1997:6〕。あるいは金子郁容は、ボランティア活動を互酬性（贈与交換）で定義している〔金子　一九九二、四章〕。教育も看護も福祉もヴァナキュラーな性格を色濃くもっていることからも、互酬性の概念が、これらの性格を捉えるうえで、どれほど有効なものかが理解できるだろう。

しかし、対人援助に関わる教育も看護も福祉も、「互酬性」だけでは十分に捉えることのできない事象である。それというのも、そこには互酬性を超えた贈与の出来事があるだ〔矢野 2000参照〕。ところが、いざ贈与の出来事を記述しようとすると、贈与の出来事のはずのものがいつのまにか、「交換の物語」に回収されることになる（最悪は「贈与の物語」に回収されることだが）。例えば、ノディングズも「ケアする人」の特徴として、マルセル（Marcel, G.）の自由裁量（〔disuponibirite, disposability〕という言葉を引いて、「身を捧げ投げうって、自分を役立てる気構え」〔Noddings　1984＝1997：31〕と説明している。ここで「自由裁量」と訳されているのは、もともと意のままにできるという自由処分権のことなのだが、マルセルはこの原意を反転させ、むしろ自由裁量の極限に現れる所有権の放棄すなわち贈与というべき性格を言い表している。このようにケアリングの理論にも、互酬的な交換を超える贈与の側面が描かれているわけだが、）多くの研究者はケアリングを互酬性に引き寄せて理解している。

同様に、贈与についての記述は、注意深く見れば、教育や看護や福祉に関わるテクストの中にも散見されるのだが、それが「贈与」として互酬性と異なる次元が十分に捉えられていないために、「交換の物語」を彩る地となってテクストの中に埋もれてしまっている。そのような記述を、ふたたびテクストのなかから浮かびあがらせ、交換との間に統合なき弁証法的関係を生起させるには、私たちの側に交換を超えた「出来事としての贈与」への感受性を必要としているのである。（一五二～一五三ページ）

罪と罰が等価として交換されることを前提していることについても、矢野氏は「この等価交換の思考法自体がむしろ不可解さを生み出す正体ではないのだろうか。そして、この思考法に回収できない事象を不可解なものと捉えてしまうのは、つまるところ、等価交換を超えた事象に正面から向かい合うことに、私たちがなにかしら恐れや畏れのようなものを抱いているからではないだろうか。この交換に均衡という思考方法は、交換を超える事象に対する私たちの感受性を鈍らせているのではないかという新たな問いにつながっていく。」と投げかける。この問いは私たちに、等価交換だけがなぜ平等なのかを問いかけているともいえるので、言い換えれば、平等は絶対に等価交換でなければならないのかということでもある。

純粋贈与の記述に矢野氏の力を借りて説明させていただいたが、さらに引用を続けて、今度は「純粋贈与」について考えてみたい。

賢治の作品にもっとも特徴的な贈与の形態といえば、一切の見返りを考慮することのない純粋贈与をあげることができる〔中沢　1998(1995):17〕。この純粋贈与の在りようは、賢治研究者によって「自己犠牲」「自己焼尽」と「デクノボー」とに分けて捉えられてきた〔見田　1984〕。『銀河鉄道の夜』のカムパネルラは、「自己犠牲」という形で我が身を差し出す登場人物の一人である。カムパネルラは川に落ちた学友を助けるために命を落とす。ホモイの物語はカムパネルラの終わったところからはじまるということができる。死ななかったカムパネルラともいうべきホモイは、銀河鉄道に乗ることもなく、純粋贈与にもかかわらず／純粋贈与ゆえに最後は失明し世間から嘲笑されるのだ。ホモイの「失明」という結末は、この純粋贈与の過剰な性格と関係している。

この純粋贈与は交換の環に何をもたらすというのだろうか。ジャンケレヴィッチ（Jankelevitch, V.）は、「ベルクソンとユダヤ教」（１９５６年）のなかで、旧約の「律法」と新約の「慈愛」というこれまでにもよく引かれる枠組みを提示しつつ、それを交換と贈与と結び付けて論じている。

（中略）

この慈愛＝純粋贈与がもたらす破壊は、交換に基づく世界にとっては暴力であった。

（中略）

純粋贈与は、交換を超える行為として贖いきれない次元の存在を出現させ日常、明示化されることのない人の打算を反対にあきらかにしてしまう可能性をもっている。日常の秩序を揺るがすという点において、純粋贈与は犯罪以上に危険な面をもっている。

矢野氏によれば、純粋贈与とは以下のように説明される。

この純粋贈与は、有用性に支配された社会の原理を乗り越えて、社会化や発達という理論枠では決して見ることのできない、死、供犠、歓待、エロティシズムなど、「外部」と「他者」とかかわる人間の生成変容についての新たな地平をみいだすことを可能にしてくれる通路なのである。それだけではない。純粋贈与は、私たちが自明のように受け入れている負い目に基づく道徳を超えた、死江名の倫理を垣間見させてくれる。（11ページ）

贈与は商品交換とは異なり、また贈与交換とも異なり、一切の見返りや利益を期待することのない純粋な贈与なのである。

名前も知らない他者にたいするホモイの無償の贈与行為は、共同体における交換の均等（均衡）に枠づけられた正義ではなく、共同体の外部に開かれた正義の原理となりうるものであった。言い換えれば、それは応報の原理を無にする「赦し」や法外な「慈愛」が、つまり無償の贈与が先行するものであり、仲間（われわれ）でない他者にも開かれた正義の秩序であった。

純粋贈与という出来事は、序論でものべたように、これまで教育学で問われることはなかった出来事である。しかし、この出来事は、共同体内部の同質性を基にした仲間同士の道徳ではなく、共約できない異質性を前提とする共同体外部の他者との倫理に関わる出来事である。つまり「われわれ」と「彼ら」という差別と排除を乗り越える可能性に関わる出来事である。したがって、私たちが「共生」ということを教育の課題として真剣に考えるなら、当然、純粋贈与は考えなければならない出来事といえる。

モースによると、「贈答」「進物」「歓待」「供犠」「喜捨」といった、一見すると太っ腹で気前のよい見返りを期待しない贈与は、実は贈与者に贈与の義務があり、受贈者には受け取る義務があり、さらにその贈与を返礼する義務がある制度なのだという。贈与者は、贈与すべきときに気前の良さを発揮しないと、威信を保つことができず吝嗇家として非難を受けることになる。また、受贈者は贈与を受け取ることによって、贈与者にたいして負い目（負債感）をもち、贈与者に返礼することを義務と感じる。このような義務化した贈与・受納システムを、モースは「贈与交換」と呼んでいる。モースのいう贈与とは、見返りが期待される社会的活動なのである。贈与は、連帯関係を形成し維持するための手段であり、あるいは名誉や名声といった威信を獲得し優位関係を形成し維持するための手段なのである。モースにしたがえば、一切の見返りを期待しない贈与といったものは存在しないことになる〔Mauss 1966=1973〕（２２８ページ）

純粋贈与は、市場交換のように、貨幣によって共約可能な等価なもの同士を考案するという対称的な交換のことではない。私たちは、市場交換をモデルに思考することに慣れているために、交換に先だって交換するものの間に共通の尺度にしたがう共約可能性が存在していると考える。しかし、合理的な計算を超えた惜しみのない純粋贈与は蕩尽なのである。一切の返礼を期待しない純粋な贈与は、有用性の回路からの離脱であり、事物の秩序の破壊であり、「体験」なのである。そのとき贈与の主体は、自己同一性にしたがう「私」ではなく、「体験」のうちにその同一性が破綻した「私」ならざるものである。したがって、純粋贈与には言い表すことのできず絶対的に共約できない異質な部分がふくまれているのである。つまり、純粋贈与には、同一性を混沌へと転倒させる計りきれない過剰なものが、含まれるのである。

以上の矢野氏の長い引用ではあったが、そこから純粋贈与、贈与交換、互酬性の関係性が見えてきた。前掲書は、夏目漱石と宮沢賢治の文学から教育学、贈与と互酬性、交換を論じたものでもあり、矢野氏もいうように、純粋贈与の哲学は論理としては説明が困難で、むしろその論理を超えた世界を表現できるのがまさに文学作品であって、夏目漱石、宮沢賢治なのである。特に純粋贈与論をめぐる哲学は奥が深い。こうしたぎりぎりのところまで人類は、贈与と互酬性の哲学を求めなければならないであろう。それが天上のものか地上のものかはともかく、そうなのである。そのためには少なくとも資本主義的価値法則からは自由でなければならない。

さて、贈与と互酬性についての理論的考察をひとまず見たうえで、あらためて贈与と分配との差異について検討する必要がある。その際、言論としては、社会民主主義的福祉国家論の税と社会保障による再分配ではなく、贈与の哲学と経済学を基礎に置いた、それを前提にして再分配も合わせて、立体的総合的に構造化することが肝要であろう。再分配論を全面的に否定するのではなく、贈与の哲学と経済学に組み合わせたものと理解されなければならない。そのためには後程検討するように、資本主義の階級抑圧としての「国家」に代わる調整機能のための機関もどうあるべきかを考えなければならず、いわば「国家調整機能機関説」も試みられなければならないであろう。ただし、この段階においてははたして「国家」という通説の概念で理解されてはならない。かつ、そのレベルにはグローバルな規模での世界、共同体、地域、行政区等、そのための様々な要素、人種、民族、宗教、交通などが勘案されなければならない。

贈与と分配論に関しては、贈与はその関係が直接的で水平的であるのに対し、一方、再分配は例えば国家など第三者の存在とそれを媒介することを通して行われる間接的かつ垂直的な関係であるからである。いずれにせよ、どちらでも、直接的であろうと間接的であろうと、結局広域の共同体、地域、行政区間においてはなんらかの調整、人、物、情報などが移転するわけである。このような移転、それが人間労働によって行われるのであり、その際の意思も労働も、とどのつまり、贈与と互酬性、相互扶助の理念と精神、人間愛と倫理的正義に支えられて行われなければならないものである。したがって、それを実現するには少なくとも解決しがたい利害、敵意、紛争や戦争を生む基本条件、その一切を取り除くとともに寛容性が求められる。だから、「共生」という言葉は文字面の空虚空論は許されないことになる。

それでは、次に、生き方、働き方の「共生・共働」の労働そのものの分配について、そしてそれが同時に人間の社会的評価と価値に深くかかわっていること、ひいては贈与と互酬性にも関与すること、その労働の意味論を考えてみたい。

飛べ！　そこが贈与だ。

第3章　労働の意味論

本章では、まず、労働力「商品」という商品の二要因の分析から始める。すなわち、労働力商品の使用価値と価値の関係である。

労働力商品の使用価値は社会的有用労働であり、価値は時間労働である。したがって、使用価値としての有用労働は職業選択、一方、価値としての時間労働は抽象的人間労働ということになる。そのことについての分析・評価をまず拙著から説明する。

〔一〕　等価および不等価交換論

労働力と生産物と交換価値、使用価値と価値の関係に関する問題を次に論じてみたい。特に等価および不等価交換論についてである。

資本主義的生産様式においては労働力が商品化されることにより剰余労働、剰余価値が発生し、利潤をもって資本に転化する。しかしこの場合の生産過程においては、生産物を生産する労働者には搾取は経験的にも実感的にも直接理解されない。なぜならそれは、形式的等価交換の中に覆い隠されているからである。労働者は決められた時間の中で生産労働をし、その対価として予め賃金が決められて、それはあたかも対等な契約として等しく、労働と賃金が交換されるように納得する。これが形式的等価交換であり、実質の不等価交換を見えなくする。

剰余労働による剰余価値の発生は時間労働の中に賃金以上の労働を提供し、その生産物は賃金以上の商品生産として実現される。資本と労働、生産手段の私的所有と労働力の関係は、こうして実質的不等価交換を形式的等価交換の内に隠ぺいする。労働者は一日八時間働いて、八時間分の賃金を受け取る。これはいうまでもなく、民法下の労働法規に基づいた正当かつ合法的な「契約」が成せるところである。資本主義は形式的等価交換、貨幣を媒介にした商品の等価交換の世界を形成する。資本主義の商品経済は実質的不等価交換に基づく形式的等価交換の「価値法則」を成立させる。その「価値法則」はすべての商品の交換価値を決定支配する。それは同時に合理的基本矛盾を内包しているともいえるのである。ただしこの場合、自然法則は変えることができないから、人間はそれをせいぜい利用するだけである。しかし一方これに対して、恣意的には変えられないものの、経済の「価値法則」は変えることができる。廃絶することができるのである。

社会主義は実質的交換に基づく経済である。そこには形式的不等価交換は存在しない。労働力の搾取はなくなるからである。ただし、この場合においても能力主義は実質的にも純化され、担保される。そうなるはずであった。だから健常者の平均的労働能力に及ばない障害者は、社会主義の下でも労働者にはなりえない。

これに対して共産主義は、形式的および実質的不等価交換の人間的世界を形成する。労働能力以上の、労働能力以下の、社会的分配を受け取るからである。しかしこの場合にもはたして、個人的能力差を包摂・共有化した平等論が原理となるかどうかが問題である。

以上のように、このような発展段階を想定したのでは、またそのために生産力主義に陥ったのでは「価値と関係」の変容による共生社会・主義の社会はいつまでたっても訪れない可能性が高い。ゆえに、目的は個人的能力差の包摂・共有化した平等社会を実践的に具現化することに他ならないのである。

〔二〕　労働力商品の「使用価値と価値」を超えて

障害者の労働問題を通じて、労働力商品という「商品」の使用価値と価値について論じてみたい。労働にあって使用価値は職業選択の自由、価値にあっては時間労働となる。

まず、使用価値としての職業選択の自由についていえば、日本国憲法第二十二条でも、全ての人に職業選択の自由の権利を保障している。この形式的な権利は、たとえば視覚障害者にも認められているが、その実態は視覚障害者の職業はほとんどハリ・灸・マッサージ業で、それ以外の職業は例外にしかすぎない。多種多様な生産物としての商品を生産する労働は、もちろんリンネルから上着を生産する労働の使用価値に限られるものではないが、それは多種多様な個別商品を生産する使用価値としての有用労働なのである。

たとえば設計図作成の使用価値としての労働は盲人には皆無である。このように使用価値としての労働、職業選択の自由の労働は、障害の種別・程度別によってかなり制約される。実はこのことは障害者に限られたことではなく、健常者の使用価値としての労働もそれなりに価値評価される。使用価値としての有用労働は一般的に社会的評価が与えられ、労働者の間にも格差と差別を生みだすこととなる。それは同時に、人間への社会的評価につながる。肉体労働と知的労働、トイレの清掃や皿洗いとデスクワーク…。

そしてまた、価値としての時間労働についていえば、これもまた障害の種別・程度別によって同様にかなり制約される。障害者のそれは、健常者の平均的労働能力が一時間あたりに投下される抽象的人間労働に比べて圧倒的に低い。要するに、障害者は労働者たりえないのである。

このことを無批判的に前提とする限り、たとえ社会主義者であろうとまたは福祉国家論者であろうと、結局のところ労働者たりえない障害者を福祉政策の対象にしてしまうのである。資本主義経済を科学として客観的に分析した『資本論』においても、マルクス主義者は資本の論理と労働力の関係を残滓としてそのまま引きずってしまってはこのようなことに陥る。根本原因はどこにあるのか。とどのつまり、抽象的人間労働の「人間」とは「健常者」のことである。

『資本論』はその意味において健常者の経済学とも言える。なぜなら、資本主義の商品経済が健常者の経済であるからである。それを、私は『資本論』の労働力商品化論から読み取る。19世紀の『資本論』の解釈のままで社会主義を論じても、障害者の労働問題は解決しない。今日の社会的排除にあう人々の労働問題も解決しない。しかし、『資本論』なくしては障害者の、社会的排除にあう人々の労働問題の根本解決には至らない。そのためには、資本主義でも国家社会主義でもない第三の道、共生社会・主義の経済システムが創出されなければならない。

商品論、とりわけ労働力商品化の廃絶とその止揚に向かわなければならないのはそのためである。その可能性への試金石は、労働価値説を前提にするものの、「労働の二重性」における資本主義の労働力商品化の価値の実態が、歴史的にも固有な商品市場経済であるという認識に立つべきである。といって、資本主義が必然的に自壊して社会主義に移行するといっているわけではない。ましてや、資本主義が未来永劫続くといっているのでもない。そのことを『ウィリアム・モリスのマルクス主義』（大内秀明著：平凡社新書）から紹介したい。

『センチメンタルな空想的社会主義者』として排除されたモリスですが、唯物史観のイデオロギー的仮説から自由になって、純粋資本主義の経済的運動法則を『資本論』から学んだ。そして、その科学の裏づけのもとに、自らの芸術的実践から生み出され、職人・クラフツマンの労働の喜びを伴う体感を、共同体社会主義のイデオロギーとして、主張しようとしたのです。

なお、共生社会・主義社会にあっては、労働者の賃金としての必要労働に対する剰余労働、剰余価値は、労働力商品化の止揚後の経済社会においては「社会的剰余労働」、「社会的剰余価値」という新しい概念となり、社会的インフラ整備や設備投資、社会保障や教育費等のための、一定の経済成長に見込まれるものである「社会的剰余価値」が前提されることはいうまでもない。社会の維持と継続のためには当然のことであろう。（拙著「第三論考　社会的排除と資本の論理」より）

このように障害者の労働問題を『資本論』の観点から分析・評価すると、そこから人間労働の本質と、それに付着する人間の社会的評価と価値がみえてくる。もちろん、『資本論』や資本主義が健常者の経済であるという表現、ましてや社会的平均労働量がマルクスの恣意的考え方で決定づけられているということはありえない。その意味でも、障害者の労働問題に焦点をあわせながら、資本主義的生産様式における人間労働がどのような意味をもつのか、あるいは、あるべき人間労働とはいかなるものなのかを根本から問い直すことも必要であろう。その点について、まず、安藤昌益の労働観から始める。

〔三〕　安藤昌益からウィリアム・モリスそして宮沢賢治の労働観

江戸時代中葉の一八世紀に生きた昌益は、マルクス・エンゲルスに先駆けて、しかも東洋の東の小さな国において、人間労働に関する驚くべき哲学をもっていた。

昌益は、人間の直立と労働を人間の本質と捉えた。エンゲルスの『自然弁証法』より前のことである。つまり、人間の本質を「直立」の「直耕」としての労働にみいだした。エデンの園で戯れるアダムとイヴのそれでなく、そして失楽園後に男に課せられた労苦でもなく、労働を、本能的に労働するものと捉え、火を用い、生き生きと耕農し織衣し、家作し器作する生産とみたのである。穀ヲ食シ、麻ヲ織リ、家ヲ作リ、木ヲ磨ッテ火ヲ得、土ヲ焼キテ堅器ヲ作リ、稲種・ショク種ハ水田ニ合ヒ、余穀ハ潤土ノ畑ニ相応ズルコト之ヲ知リ、などのこのような人間労働によって、人間的な自由と文明生活を成しとげるとみたのである。だから、エデンの園で戯れることを自由とは思わず、生産労働に専念することをむしろ「自由」と考えたのである。その自由は直立した人間の「直耕」によって獲得されたものであるとした。ところで、昌益の「自由」の概念については研究者の間でも決して深められているとはいえないという。とはいえ、一八世紀に東洋の辺境の地でこのような考え方に達していたことには重ねて驚くばかりである。以上は、寺尾五郎氏の『安藤昌益全集第十巻解説』と石渡博明氏の著書を参考にした。

さて、マルクスにあっては、ヘーゲルは労働が人間の本質を決定するものだということを明らかにしたのだが、それが超歴史的に抽象的であったため、マルクスから全面的な批判を受けた。ヘーゲル左派のフォイエルバッハが『キリスト教の本質』のなかで、「神が人間を創ったのではなく、人間が神を創ったのである。」とした人間主義的唯物論の不徹底さを超えたマルクスは、労働を具体的で現実社会から決して切り離されることのない社会的諸関係のなかで捉え、それを、ヘーゲルのように肯定的な側面からだけではなく、人間をむしろ隷属させる不自由なものとしての、もう一つの否定的な側面を発見したのである。

それが疎外された労働である。労働力＝労働力商品化である。アダム・スミスをはじめ古典派経済学者たちは、労働力ではなくそれを労働として捉えていた。そのため、剰余労働、剰余価値が利潤に転化する搾取の構造を理解できないまま、だから、労働力＝労働力商品こそが重要である。本来商品にはならない人間労働、その労働力を資本主義的生産様式のもとで商品にしてしまったのである。あわせて、資本といえども労働力商品を生産することはできない。その資本主義的生産様式の下では、労働者（人間）もまた生産のための手段であり、資本家または資本家の分身である経営者からは、労働者は乾いた雑巾をしぼりとられるように扱われ、時にはぼろきれのように捨てられる。

国家戦略を世界戦略としているアメリカは、その新自由主義経済をグローバル化して、それにより、今日の世界資本主義は文字通り市場原理主義的経済になっている。そのもとでは、徹底した自由競争が押し付けられ、それによって勝ち抜かなければ企業は倒産し、国は疲弊していく。いったんそれに巻き込まれると、そうするしか道は開けない。法人税を引き下げ、非正規労働者を増大させなければならない。それが新自由主義的市場経済の原理なのである。

労働力商品もまた資本である。化変資本なのである。利潤追求を使命とし自己増殖を目的にした資本は、なぜならそうでなければ資本たりえないからであり、その資本の姿は「資本の変態」という変化の形態をとる。資本が貨幣のまま、生産手段の機械のまま、商品、労働力商品の固定したままでは、資本は自己増殖することができない。それゆえ、労働力商品も資本の一部となって、労働者はその生産過程の中に無意識に組み込まれることとなる。生産、流通過程を通して、労働者は資本主義イデオロギーを難なく内性化し、常識化して、それを自然的に受けいれる。疎外労働のもとでは、ルカーチがいうように、労働者階級が物象化された意識に陥ってしまうからである。これに関連しては「あとがきにかえて」でふれることとする。

さて、こうした資本主義的生産様式のもとでは、必然的に、人間は目的ではなく手段と化し、あくまでも資本増殖のための資本に隷属させられることとなるのだが、そこから人間を解放するためにはなによりも資本主義の桎梏から離陸させなければならない。労働力商品化と非人間的不等価交換システムとしての資本主義から、離陸させなければならないのである。つまり、「不等価交換システムとしての資本主義」を「否定の否定」の弁証法によって、「人間的不等価交換」のシステムとしての高次の新たな経済社会を想像する必要があろう。それによって、人間は人間的労働を獲得することができる。

それでは、そのような新たな経済社会における人間と労働の関係の可能性について理論的に検証してみたい。まず、ウィリアム・モリス、E・Bバックス『社会主義』(晶文社)からである。

労働者が労働における喜びと切り離されてしまったのは、近代にいたって初めて起こった事態であった。というのは、非芸術的な労働の場合はともかくとして、喜びなしにはどんな種類の芸術も生まれないと断言できるからだ。するとこの場合も、他の場合と同様に、〈新社会〉は、より高い次元に進むのであっても、古い方法に立ち返るだろうと信じている。ごくわずかの例外はあるが、すべての労働は一定の条件下では喜びとなるとフーリエが断言しているのは正しかったのだ。これらの条件とは、簡単に言うとつぎのようなものである。生計をたてる不安から解放されること。仕事の負荷に比例して労働時間を短縮すること。仕事がその性質上単調なものである場合は、職種をいろいろ変えられること。機械を適切に使うこと——つまり、手を使って仕事にあたるのが本質的に負担となるような労働に機械を用いること。自分の能力や特性にふさわしいこと。つまり労働者にとってそれを作ることが喜びとなること。

生きていくための労働はあいかわらず必要なのであろうが、仲間たちみなで公平に配分してその労働を分かちあうことになるだろう。そしてついには人間による自然の支配力を苦痛でしかない労苦から人を解放するために用いることができるようになるだろう。それ以外の労働は、与えられた機械を賢明に使い、また人間に備わった多様な能力に十分な注意を払うことによって、人の活力を発揮する喜びに満ちた営みと化すだろう。かくして、休憩と仕事のあいだで、人は少なくとも幸福な暮らしを送ることになる。

ここでさらに大内秀明著『ウィリアム・モリスのマルクス主義』からウィリアム・モリスの労働の意味論についてふれておきたい。そこには、財産の相続とともに、賃労働の制度が廃止され、その上でモリスは、労働の喜びの復権の下での、職業選択の自由を強調している。

漠然とした原始の時代から、初期の歴史的に未開な時代に脱け出て、我々は労働における喜びを体得する。それは新鮮な刺激を伴い、十分に必要性のある職業に我々を導く。こうした、必要な労働の楽しみへの転換から、一定の芸術が最終的に誕生するのである。労働の喜びの表現は、労働の芸術化に集約されている。

そして、次に、仙台・羅須地人協会冊子『ウィリアム・モリスと夏目漱石、それから宮沢賢治』のパネラー吉村典子氏は、モリスは講演も重ね、その中で「労働は今日だれにとっても満足のいくものではなくなってしまった」ことを指摘し、それを生み出した近代社会を批判します。そして「満足と安らぎの種を蒔くべきであろうと信ずる……真の芸術、つまり喜びの表現となるような種を蒔く」ことを主張します。よく取り上げられる「芸術は労働における人間の喜びの表現である」は、モリスの思想を集約した言葉ともいえるでしょう。

最初に申し上げたように、「芸術」と「労働」の二つは、何かかけ離れたもの、と今日の我々も感じるとすれば、百年以上前のモリスの問いかけは、なお今日的な課題といえるでしょう。モリスのデザインが、今も再生産され、生活の中にとけ込んでいるように、その根底にある彼の思想は、今日の社会においても多くのことを示唆しているように思えてなりません。

また、二〇一六年に開催された「1・9　賢治農民芸術祭　響（とよ）む午後」から、大内秀明氏のレジュメと発言を紹介すると、「粗削りではあったが、粗野ではなく、美しく、自然で、飾らず、豪商や廷臣の芸術というより農民の芸術であり、それは人々の暮らしにしっかりと根付き……我々が国の多くの土地で、小作農と自由農の中にそれは生きていた。……織機や版木や刺繍針が作り出す多くの古風な模様の中に、それは依然として生きていたのだ。（一八七七年）」と書いている。そして、一つは、賢治の教え子・伊藤与蔵が伝える「百姓の生活には歌もあり、踊りもあり、芝居もあったが、みな職業芸人に横取りされてしまったので、百姓にはただただ生産労働だけがあたえられるようになった」との賢治の「芸術をもて、あの灰色の労働を燃やせ」のことばを印象深く語ったこと、二つめは、今の分野別協同組合ではなく宮澤賢治は労働・生産・消費を統合した「産業組合」に強い関心を持ち、詩「産業協同組合青年部」をつくり、童話や戯曲「ポランの広場」を書いたことを、話している。

〔四〕オーエンとポランニーの労働観

それでは次に、丸山武士著『オーエンのユートピアと共生社会』（ミネルヴァ書房）から紹介するとしよう。

ロバート・オーエンは、一八二五年から「ニュー・ハーモニー村」のユートピア建設に取り組んだが、三年後に挫折した。その挫折の原因はいくつもあるが、ここでは本章に関連した問題をとりあげる。

一八二六年一月二六日には、平等の共同体のための「ニュー・ハーモニー平等共同体」の憲法草案作りに入った。二月五日に新憲法が制定され、平等の共同体が設立された。

憲法は、共同所有の原理に基づく平等の共同体への帰属を促し、私有財産制度、個人主義、自由競争などを否定し、共同と人々の福祉を実現することを宣言している。ところがその直後からも多くの問題が整理できず、対立と分裂を引き起こした。

オーエンと行動を共にしたマクロアは、一八二六年五月一七日、このような危機の中で個人の労働の質や能力の相違を考慮しないことに問題の原因があるとして、提案を行った。

「現行の制度は、各人の労働時間を記録する個人的記録を作り、それに応じて消費物品を引き出すことができるというものだが、各人の労働の質や能力を判断することがむずかしい。ある人の一時間労働のほうが他の人の四時間労働よりも多くのことを行う場合があるように、現行では不平等が生じている。（中略）各部門か職業は共同村に必要な生産量に応じて、各人の労働量を調整し、生産すべき総量を決めるべきである。」

この提案に対して、オーエンは前向きに受け入れた。その後のオーエンの労働評価をうかがうと、ウィリアム・モリス、E・B・バックスの共著『社会主義』によると、「一八三二年には、〈ロンドン中心部の〉グレイズ・イン通りに、労働と労働が等価で交換できる交換所を設立。」とある。

オーエンのこの労働の等価交換については、実は、ポランニーも同様の見解をもっている。たしかに常識からみても、あるいは批判者の主役が「不等価交換」であるから、少なくとも等価交換にするのが妥当かつ正当性をもつのが当然であろう。ところが、労働現場における労働の人間的不等価交換を理念として実践してきた共同連にとっても、また私にとっても分が悪い。

そのことの問題性が、等価の分配なのか、それとも贈与の関係なのかということである。

〔五〕　人間的不等価交換労働の実践

再びここで、労働力「商品」の二要因の分析に立ち戻ることとする。まず、第一の使用価値としての社会的有用労働、すなわち職業選択の問題であるが、これは障害者にとってもいたって重要な課題である。

ウィリアム・モリスが、労働を芸術化とみる際の職業選択の意味、また、エンゲルスが『ドイツ・イデオロギー』のなかで書いた「朝に釣りをし、夕べに狩りをする……」といった内容の職業選択である。それは、一般的にすべての人に職業選択の自由が実質的に保障されれば、なかには未熟な不慣れな健常者もいるはずで、つまり、健常者の平均的労働能力以下の、社会的平均労働量以下の、したがって重度の障害者の場合にも、不慣れな健常者と同様に「社会的平均労働量」以下の者として労働参加の機会とその範囲が飛躍的に広がる可能性が高まるはずである。そこでは支えあいの関係が強化されて、なぜなら仕事とはたいてい集団で組織的におこなわれるからであり、そのことが誰に対してもあたりまえのこととなってくるからである。

それが意味するところは、労働現場における労働のあり方は、互酬性、相互扶助、贈与の関係となって、直接的には労働現場においていわば労働の不等価の分配が図られ、それを基礎にして、さらに、共同体と共同体の間もしくは「国家」という広域の第三者機関の調整によって再分配の保障が間接的に補完される構造である。

それにより、職業選択は、その意味でも使用価値としての労働の有用性がすべての人に開かれ、深まり、幅を広げ、いっそう自由となるのである。そのことは同時に、次に問題にする価値としての時間労働とも実は深くかかわってくるのである。

では、価値としての時間労働、すなわち抽象的人間労働の問題である。交換価値である。社会的平均労働量がこの際重要となって、今日的課題としては同一労働同一賃金、さらに共同連では「同一労働時間、同一賃金（分配金）」ということになろう。

これは、「不等価交換システムとしての資本主義」を超えた後の「等価交換」と「人間的不等価交換」の関係、すなわち後者は経済学的にも社会学的にもはたして正当性をもちうるかどかという問題にもつながる。言いかえれば、労働能力一〇〇パーセントと三〇パーセントのそれぞれの二人の賃金（分配金）が同じということであり、なまみの人間が納得できるかどうかということでもある。また、財やサービスの経済関係からみた交換論、および設備の投下にかかわる費用対効果の問題とも関係する。いわば、理念と現実の関係にもなろうか。

ところで、それを説明するためにもここから急に具体的な実践論に入ってしまうのだが、というのも、オーエンにしろポランニーにしろ、一人の労働の等価交換に対しては、共同連は「共生・共働」の理念のもとに実践を重ねてきており、すでに述べたように「同一労働時間、同一賃金（分配金）」をめざすべき原則としているのである。そのための事業所も運営してきた。それは障害があろうとなかろうと、いかに重度の障害者であろうとも、自分なりに働いて、それでいて純益はその人の生活実態にあわせて対等平等に分配するというものである。（拙著「第二部共生・共働の理念と運動」を参照）

これまで障害ある人ない人が共に働き、共に生きる「共働事業所」づくりの運動を行ってきたが、イタリアの「社会的協同組合法」および韓国の「社会的企業育成法」に学ぶ中、現在では「社会的事業所」をめざして制度化を求めている。

「社会的事業所」とは、障害者、ニートやひきこもり、依存症者、刑余者、シングルマザー、路上生活者、または脱北者など、社会的に不利をかかえて排除にあう人たちを三〇パーセント以上含む事業所のことである。これはＷＩＳＥ（ワーク　インテグレーション　ソーシャル　エンタープライズ）の一種でもあり、社会目的をもった非営利の社会的企業である。同時に、それは社会連帯経済の実態経済としての一分野でもある。そこでは、実践している「社会的事業所」は協同組合のシステムをとっていないものの、その理念と実践においては協同組合以上の内実をもっていると私はみている。

ちなみに、このような労働のあり方については、アトキンソンが『21世紀の不平等』の中で、次のような興味深い一文を示している。それは、レズリー・ハンナの『退職の発明』を紹介した文章である。

個別の事象としての退職は、かつての産業革命以前の経済には存在しない特性であり、「中世の独立した労働者が年をとると、働く量を減らし、生産量も減らしたが、何かを生み出すことができるあいだは働き続けた」という。

それでは、ここで、私がまとめた「共働・社会的事業所の七原則」と「社会的事業所の価値に関するテーゼ」を掲載する。

共働・社会的事業所の七原則

1 (形態) 福祉制度は法の対象となる障害者だけにサービスを行い、就労の「場」一ヶ所に障害者だけを集め、その対象者に対して少数の職員が支援するサービス形態となっている。これに対して社会的事業所は、社会的に排除された人を三〇%以上含みそうでない人と共に働くという構成員の「形態」。

2 (寛容性) 労働はそれぞれの能力と特性に応じ、かつ事業の役割において働く相互の「寛容性」。

3 (対等性) 民間企業では人間関係が上下の縦型、福祉施設では職員と利用者の関係となっている。これに対し、共働は相互に対等平等な横型の人間関係に置かれる「対等性」。

4 (制度) 必要経費等以外の純収益を、それぞれの生活の実態と状況にあわせて分配する分配金「制度」。

5　(保障)　事業所に働く者すべてが労働者性を確保した身分として労働法制の適用を受ける「保障」。

6　(民主制)　事業所の運営は原則全員参画を前提にした「民主制」。

7　(戦略)　公的および社会的支援を受けつつも、可能な限り補助金や寄付に頼らない事業収益を確保するための経営「戦略」。

社会的事業所の価値に関するテーゼ

1　社会的価値

重度の障害者が働くということは、現代社会にあって「価値」である。排除された人も同様である。その人たちが生産する物やサービスは、同時に消費者にとってもより有益であることを目的にしている。安心・安全、環境にやさしい、人にやさしい「価値」でもある。この二つの「価値」は同一の価値を形成し、現代社会を問い、その持つ意味は「社会的価値」である。

2　労働の意味と働き方

労働者は賃金労働に基づく雇用労働者であって、労働力を商品化することによってしか生活を維持できない。そのため、労働者は雇用主である経営者に対して弱い立場にあり、どうしても従属関係にならざるをえない。

しかし、社会的事業所ではそのような関係は修復され、自らの労働を自主管理し、共有管理する関係に入る。響きあう関係は支えあう関係となり、民間企業では働きにくい排除された人も働きやすくなって、長期継続も可能になる。

こうした働き方をする理念と約束は、賃金ではなく「分配金」として、事実上の事業所内同一賃金となるのである。

3　共生の原則と社会的包摂

当然そのような働き方になれば、必然的にお互いの生き方や生活を気づかいあい、自己実現的労働、職業生活の豊かさを実感しながら、排除されてきた人もソーシャルインクルージョン（社会的包摂）を獲得できる。それが社会的事業所の理念と運動、労働統合型の経済活動である。

それればかりではない。排除された人が単独では地域社会に包摂されにくいものの、社会的事業所が社会資源として社会に包摂されることから、それによって排除された人も当然社会に包摂される。

4　付加価値

経済における使用価値と交換価値の文脈から社会的事業所を意味づけると、社会的事業所は、付加価値の高い製品、つまり消費者にとって使用価値の高い商品、それに基づき、他の民間企業より差別化を図ることによる交換価値の優位性を獲得する。高付加価値化である。それは「社会的価値」にも通じるものであり、商品そのものだけにとどまらずその販売方法にも消費者にやさしい付加価値を与えることができる。

5　ソーシャルビジネスシェアリング

社会的事業所は、ワークシェアリングにとどまらず、ソーシャルビジネスシェアリング（社会内総仕事の分かち合い）の恩恵を受けるものとする。様々な支援策に基づいて、仕事の分かち合いの権利保障とその受益を法制度を通じて公的、社会的に担保されるものである。その意味でも、ソーシャルビジネスシェアリングを、国および地方公共団体並びに国民に対してその責務を負わせ、もって合意形成を図らなければならない。

6　労働のモチベーションとエンパワメント

社会的事業所は、出世主義、成果主義、能力主義の競争原理に基づく働き方ではなく、お互いの働き方や生き方、仲間を思いやる意識の評価、お互いを刺激しあうことにより、結果、労働のモチベーションが高まり、相互にエンパワメントを開発する場となる。

社会的事業所の総合力が、所属する仲間の生活を支え、相互承認に基づく活力と生きがいを見出しながら、社会の構成員としての認識と社会貢献（役立っているという実感）の自覚を生みだす。

7　社会的概念の法律と定義

日本型社会的企業としての「社会的事業所」は、イタリアの社会的協同組合法B型の「社会的に排除された人」、韓国の社会的企業育成法の「脆弱階層」を対象にしているが、日本ではそれらは社会概念としては成立するものの、法的概念・定義にはなじまない現実がある。したがって、法律にする際には、「社会的不利を何らかの理由により負わされ、そのため、就労が困難な状態に置かれる者」と定義づける。ところがやっかいなのは、縦割り行政である。省庁との縦割りはもとより、省内においても然りである。

8　社会的事業所に対する共同連の「価値」とは

社会的事業所の「社会的価値」、「共生の原則と社会的包摂」、そして「労働のモチベーションとエンパワメント」を、共同連は、共に働き・共に生きる「共同体」として表現した。それを今日的に言い換えれば、社会的に包摂された「組織体」ということになろう。

以上は保障論という現実的な政策はともかく、この働き方を普遍主義にまで高めたいとする言論への私にとってのこだわりである。なぜなら、「障害者」というだけですべてを福祉の対象でしかみようとはしない行政や世間が、そこにあるからである。その意味でも、障害者の労働を福祉の対象にではなく、経済学の対象に、特に、マルクス『資本論』の対象にみるのである。すなわち、それが、労働力商品化と、健常者の平均的労働能力および社会的平均労働量の三位一体の同時使用の問題なのである。

したがって、それに基づいた社会像は、中央集権的国家社会主義に代わる「共生社会・主義」であり、そのもとでの社会は市民社会ではなく「共民社会」となる。

そのことを、次に、労働力商品化と非人間的不等価交換システムとしての資本主義を超えた後の、互酬性、相互扶助、贈与の哲学と経済学に基づいたアソシエーション・協同組合、そしてそれに照応した「国家」もどきのあり方、その調整機能の機関の可能性、私はこれをいわば「国家調整機能説」と呼んでいるのだが、そこに至るまでの現実的に立ちはだかってくる資本主義「国家」、その国家とどう向きあえば賢明なのかを考えながら、その文脈のなかで何人かの著名人の思想と理論に足を踏みいれることとする。

〈補論〉人間的不等価交換システムとしての「労働量」の不平等交換

平等がなぜ等価でなければならないのか。それはあまりにも近・現代人が、形式的外面上の等価交換システムの中に自然化され、沈殿し、それがあたかも人間関係の最高に発達した関係のイデオロギーであるかのように育て上げられてしまったからに他ならない。それは、あまりにも実質の非人間的不等価交換を隠蔽した形式的外面上の等価交換に毒され、純化され、美化されてしまったからでる。つまり、そのイデオロギーは、言いかえれば、実質の非人間的不等価交換の隠蔽に成功したことにより形式的外面上の等価交換を一層維持・発展させたのであり、かえって資本主義イデオロギーは、ますますその意味でも等価の平等にしなければならないのである。

ゆえに、だからこそ、人間の真の解放とはそこから解放されることである。

それでは、その観点から、「複雑労働と単純労働」を通して、「健常者の平均的労働能力および社会的平均労働量」を止揚した後の労働の意味論に接近するため、伊藤誠氏の『現代のマルクス経済学』（社会評論社）をてがかりに論を進めることとする。

マルクスのいう共産主義社会の低次段階における労働能力の差異による不平等の「ブルジョア的権利」が、ソ連型社会の高度に特権的に階層化された経済秩序の正当化事由とみなされているとすれば、基礎理論における熟練労働の取扱いは、その状況の検討基準を左右するものともなりうるであろう。

異なる使用価値物の生産にあたる異種労働の場合には、その成果が直接には量的に通約できないから、それぞれの労働の強度や熟練の程度を生産物量から比較したり計ることはできない。そこに熟練労働ないし複雑労働をめぐる本来的困難がある。（中略）複雑労働の問題に言及する。

「複雑な労働は、強められた、またはむしろ複合された単純労働にすぎないものとなるのであり、したがって、より小さい量の複雑労働がより大きい量の単純労働に等しいということになる。ある商品がどんなに複雑な労働の生産物であっても、その価値は、その商品を単純労働の生産物に等置するものであり、したがって、それ自身ただ単純労働の一定量を表わしているにすぎないのである。いろいろな労働種類がその度量単位としての単純労働に換算されるいろいろな割合は、一つの社会的過程によって生産者の背後で確定され、したがって生産者たちにとっては慣習によって与えられたもののように思われる。」（K.I.S.59 岩（一）八三〜八四ページ）。

複雑労働は、この場合、単純な平均的労働力にたいし、習練や教育によって特別の発達を加えられた複雑労働力の支出であり、異種労働の比較における熟練労働とみてよい。マルクスは、ここで複雑労働が単純労働の何倍かにあたるものとして換算されることをみとめ、その換算比率は「一つの社会的過程によって生産者の背後で確定される」としているのであるが、その社会的過程が何を意味するかはかならずしもあきらかにしていない。

伊藤氏が「その換算比率は一つの社会的過程によって生産者の背後で確定される、としているのであるが、その社会的過程が何を意味するかはかならずしもあきらかにしていない。」と疑問を投げかけていることはきわめて重要である。というのも、単純労働と複雑労働の関係も、また健常者の平均的労働能力とそれ以下の能力、社会的平均労働量とそれ以下の労働量の関係も、それら双方の関係が実は「その換算比率は一つの社会的過程によって生産者の背後で確定される」ということに通底しているといえるからである。それゆえに、健常者の平均的労働能力とそれ以下の能力の関係が、複雑労働と単純労働との関係を相似的に分析されなければならないのであろう。そしてさらに引用を続けると、

労働差別化についての最近の欧米の諸研究においては、資本主義の発展が、労働市場を均質化せず、人権、性、学歴などの差別が維持再生産され、とくに戦後は細かな差別を規則によって体系化する企業の「官僚的」労務管理が顕著となったとされている。しかし、そこに維持再生産され、ときには強化されさえする労働者の差別は、物資的生活の基礎を支える大多数の職場をとれば、労働者間の本質的能力差によるものではなく、むしろ社会的人為的な区分によるもので、その間の移動や昇進の可能性を多分にふくむものであろう。多様な差別を賃銀等に加えられながら、労働者の作業内容自体が、資本のもとでの機械装置の理由により、とりわけ基本的な物質的再生産の行程について、ますます低質化され単純化されていることは否めないところであると考えられる。

このように単純労働の強化も、資本主義的差別の再生産によって一見わかりにくくさせられている。その客観的、経済学的評価が差別によって意図的にまたは矮小化されてし

まっているのである。その意味で、資本主義のもとでは差別に左右されない純粋な評価など存在しないといえるのではなかろうか。それが問題を一層わかりにくくしているともいえるのである。

だが、その上で次のようにひとまず結論を導き出している。

しかし、それらの差別をこえて、各種の労働は、いずれも複合的な同等の人間労働力のそれぞれ特殊な形態における支出であり、一種の抽象的人間労働の各一定時間として物理的時間にしたがい比較したり合計することのできるものと考えられる。相互の流動的な代替可能性は、単純労働についてそのような抽象的な人間労働としての量的集約を理論的に可能にするひとつの現実的論拠を与えるのであるが、さらにその根底に人間の労働能力の複雑な潜勢力を認識しておくべきである。

そのようにみるならば、複雑な熟練労働もまた基本的には、普遍的な人間の労働能力の特殊な形態における支出であることに変りはない。ただ、一定の養成や教育を要する熟練労働力は、単純労働に転用できても、単純労働力からは即座には転用できない。そこに賃銀等の格差を加えられやすいのであるが、その点をやや別の問題とみておけば、熟練労働も単純労働とおなじ共通の人間労働力の支出の過程とみなしてよいであろうし、それらをつうじ抽象的人間労働としての物理的時間による集計や比較をおこなうことも許されてよいであろう。熟練労働も、おなじ社会的人間労働の一分肢として、再生産に必要な作業の一環を担っているのである。

しかしそれでもなお、重度の障害者の労働問題からすれば、どうしても、抽象的人間労働イコール健常者の平均的労働能力、社会的平均労働量が、労働力商品の止揚後にもはたしてそれを超えることが可能かどうかが重大である。さらに話を前に進めよう。

価値の形態と実体は次数も異るものとして分離したうえで、その関連を考察する見地にたち、熟練労働の取扱いにやや積極的な整理をすすめれば、以上の検討からわれわれは、基本的には異種に熟練労働者たちも単純労働者と同一時間に同一量の価値実体を対象化するにとどまるものと結論してよいであろう。

この結論は、いうまでもなく熟練労働力の価値がどのように規定されるかとは独立の内容である。

租税による公教育が熟練養成の費用を完全にまかなうものとすれば、熟練労働の賃銀は、子供の熟練養成費をふくむ必要がなくなるだけでなく、熟練労働力の供給が需要に十分みあっておこなわれ、労務管理上の特別な配慮が加えられなければ、標準的な単純労働の賃銀に等しくなってもよいはずである。

大変長く引用を続けてきたが、最後に次の文章を引用したい。

社会主義社会では、社会的総生産物から、個々の労働者に分配される以前に、生産手段の補填、生産拡張、災害などへの予備、さらには一般的行政費、学校、衛生設備、労働不能者等のために基金が控除されるであろう。熟練労働の養成費もそこでは社会的に共同のフォンドでまかなわれてしかるべきである。そうなった場合、われわれの検討にしたがえば、さまざまな社会的控除がなされた後に社会的総生産物から熟練労働者がうけとる生活手段は、彼自身労働給付への反対給付としても、また労働能力の維持再生産の補償としても、一般的な単純労働者がうけとる生活手段は、彼自身の労働給付への反対給付としても、また労働能力の維持再生産の補償としても、一般的な単純労働者がうけとるものより大きくしなければならない理由はない。それは、資本主義のもとで熟練労働の養成が公教育で完全にかつ十分におこなわれる場合の例と内容的にほぼ対応するところである。

ところが、マルクスは『ゴータ綱領批判』において、共産主義社会の低次段階に関し、「ある者は肉体的または精神的に他の者にまさっているので、同じ時間内により多くの労働を給付する……」から、労働給付に比例して労働者が「うけとる社会的消費元本の持分には、原則上不平等な『ブルジョワ的権利』が残らざるをえないとしている。このマルクスの規定が、ソ連をはじめとする『革命後の社会』における国家・党官僚の高度に階層化された財やサービスへの特権を正統化する一論拠として十分に利用されてきたことに疑いはない。しかも、その状態は、『各人はその能力に応じて、各人にはその必要に応じて』といえるような共産主義社会の高次段階がはるかな彼岸的ゴールとみなされるかぎり、ほぼ永続的なものとみなされることにもなっている。しかし、熟練労働が同一時間に「強められた」より多くの労働を対象化しうるという想定に、マルクスのいう労働給付に応じた『ブルジョア的権利』の有力な論拠があるとすれば、われわれはいまやその論拠と展開に理論的に同意できないことになる。もともと社会を形成する人間が根本的には相互に平等な存在であるとみなすのは、マルクス理論につねに本質的な一契機であった。マルクスの労働価値説における熟練労働の取扱いは、こうした観点にたって、ソビエト型社会の階層化された特権的秩序も、資本主義社会の人為的に差別化された労働秩序も、ともに批判的に省察しうる基本理論として整備されてよいように思われるのである。(『現代のマルクス経済学』一二八八〜一二八九ページ)

経済学『資本論』およびマルクス経済学思想の不徹底性に対し、以上の多くの引用を通して、それをふまえて新たな労働評価を読み取ることができた。とはいえ、資本主義を超える、労働力商品化を止揚するということが、障害者である私にとってははたして、なによりも「健常者の平均的労働能力及び社会的平均労働量」を超克することにつながるかどうかということに他ならない。そうでなければ、意味がないのである。もしその可能性が皆無であるならば、アトキンソンがいうような社会保障を充実させた高次の福祉国家論でよいことになる。だが、だからこそ、互酬性、相互扶助、贈与の哲学と経済学が求められなければならない。生産過程における複雑労働と単純労働の価値論については、生産過程を内部に包摂した交換様式において、それが等価であろうが人間的不等価であろうが、とどのつまり、互酬性、相互扶助、贈与の経済もまたその交換様式にあっては核心的経済概念である。

ところで、昨今話題になっている保育士の賃金をめぐる問題についてその一例をあげれば、ある程度市場に制約されてはいるものの、保育士の賃金の原資が基本的に税と利用料によって規定され、その労働の賃金評価と水準も国と自治体行政により定められることに着目すべきであろう。その意味では完全なる市場原理にはなっていないと言える。だが、誰が、どのように、どのような評価で、それぞれの労働を評価するかについてはむしろ人為的に決めることができるといえるのである。このことに関してだが、実は『補論』を通して立証したい最大の課題なのである。

第4章　「共民社会」制度としてのアソシエーション・協同組合

〔一〕　市民社会から「共民社会」へ

「共民社会」という用語の意味についてはすでに拙著の中で述べてきたが、その社会概念は、共生社会・主義のもとでの社会のことであって、近・現代の資本主義国家、国民国家のもとでのブルジョア市民社会のことではない。近代国民国家に疎外された市民社会ではない。市民もしくは市民社会はブルジョア市民ないしは市民社会固有の概念であって、したがって資本主義が止揚されたのちには当然別の社会概念にとって代わられなければならない。資本主義が未来永劫続かないのと同じように、市民社会という概念も未来永劫続くものではない。その際には、概念的イノベーションとして新たに「共民社会」が歴史に登場してくることとなる。それゆえ、商品市場経済に社会全体が全面的に支配された市民社会は、歴史のなかに消滅する運命にある。

とはいっても、なるほど、市民社会は歴史的には確かに封建制身分社会から、また土地から、また世襲制から、人間を自由にした。自由市民になったのである。ただし、商品市場経済の制約の下にではあるが――。

今や、日本国憲法第二十二条「何人も、公共の福祉に反しない限り、居住、移転及び職業選択の自由を有する。」となるのである。だが、それはいうまでもなく形式的に、というよりはむしろもっと正確にいえば、市場と財力と能力主義に縛られた限りにおいてである、と。したがって、自由は、私たちに失業と路上生活の自由をも保障した。

私は残念ながら東京の高級住宅地、田園調布に住むことができない。だからといって、私もだが、誰も国に抗議などしたりはしないであろう。ところが、北朝鮮の人民が勝手にピョンヤンに住むことは許されない。おそらく、それを、私たちは人権侵害、居住の自由がないと非難するであろう。その違いは一体なんであろうか。

市場は万能である。すべての人を黙らせ、納得させる。沈黙の暴力、それが市場である。それが市民社会を支えている。その市民社会の経済が、労働力商品化と非人間的「不等価交換システムとしての資本主義」なのである。

また、一方、中央集権的国家社会主義にも、もはや希望がもてない。決して資本主義を乗り超えた理想社会とはいえないからである。だからこそ、資本主義でも国家社会主義でもない、いわば第三の共生社会・主義なのである。それは生産手段を、資本主義的私的所有でもまた社会主義的国有でもない、第三の共生社会・主義の共有論である。そのもとでの社会が、「共民」「共民社会」である。

本章では、こうした社会と国家、資本主義を超えた新しい社会システムとしての社会を検討し、あわせて、互酬性、相互扶助、贈与の哲学と経済学に、また労働の評価とその形態にもふれてみたいと考える。

まず、今日的に起こってきている諸矛盾を踏まえながら、かつ、今日的にめざすべき社会像について、金子勝氏の『資本主義の克服』から次の文章を引用する。

地域民主主義という基盤　それは長いプロセスを必要とするかもしれないが、この新しい創造を支えていく基盤となるのは、地域の生活世界に根ざした地域民主主義である。それは、インターネットやＳＮＳの限界を超えて、グローバリズムとともに、ナショナリズムに対抗する恒常化された拠点として、民主主義を社会に埋め込んでいく役割を果たす。

これは、けっして、上から・国家からまたは政党中央から新しい社会をつくっていくことに対して、地域から民主主義を社会に埋め込んでいくということを表明している。また、後述するように、国家権力を奪取したその革命の日から新しく始めるといったようなものでもなく、むしろ、現実の資本主義社会の内部からすでに実践するとともに、その準備にとりかかり、その新しいオルタナティブな「モデル」を体現していくことも築きあげていくこともいたって寛容であると思われる。ただそこで問題になるのは、マルクスも言うように、国家論抜きで事足りるというわけでもなく、全面的に全社会をそのようにするためには国家論抜きには期待できないのであって、したがって、目の前の国家とどう向きあうのか、将来国家をどのように止揚できるのか、その意味でも、社会と国家の関係についても理論的に深化させていくことも必要である。難解であってもそれを避けては通れない。というのも、柄谷氏がいうように、国家を一国の内部から揚棄することはできない、国家は内部からしか揚棄できないが、内部からは揚棄できない、ということであり、その計りしれない深淵を物語っているといえる。

すなわち、資本主義を死守するためなら、総資本を守るためなら、先進国の「国家」はあらゆる手をつくして一時的にも妥協はするし、まるでぬめっとした軟体動物のような動きさえするのである。それが、後進国とは違った先進国の民主的国家の姿でもあろう。その場合、資本主義の変質と発展をめぐるベルンシュタインとカウツキーの修正派と正統派の論争、それが実は現状分析における政治的戦略においては、必ずしも決着がついているとはいえないのであって、改良主義をめぐる問題であるともいえよう。『資本論』に関しては、両者の論争がすでにレーニンの『帝国主義論』から宇野段階論によって克服されてはいることはいうまでもない。その意味では、一九一七年のロシア革命も一九四九年の中国革命もいずれも革命論ではあっても、移行論-改良主義ではない。以上のことから、資本主義から社会主義への歴史的な大転換が、国家権力奪取の革命論によるものなのか、それとも先進国における移行論の政治過程論によるものなのか。前者は独裁論であって、後者は民主的正当性に担保された政治的権力移行論である。なぜなら十月日本革命とはならないからである。

ダーウィン主義の進化論も一世代の突然変異は単なる変異にすぎず、それが何世代も経てようやく進化といえるのである。そのように、人間社会も特に先進国の場合においては何世代も経てようやくオルタナティブな社会が全面的に開花するのであって、したがってそれは、革命論ではなく何世代も超えた移行論だということである。産業資本主義→後期資本主義→アトキンソンの『21世紀の不平等』・所得分配と福祉国家のあり方を論じた「福祉国家論（晃洋書房）」→社会主義への移行論であり、それがたとえこれから一〇〇年かかろうがそれ以上の年月を費やさなければならないであろうが、それは原論と移行論における重要な問題を内在しているといえる。マルクスが言うような「爆破」はされても、人類史の前史がそれほど簡単に終わりを告げて移行するというわけではなかろう。資本主義システムはそんなにやわではない。というより、社会主義への移行がそんなにたやすいものではないということである。原論から、本質論からいかに飛躍できるかは、本当のところまだ経験したことがないのである。ロシア革命以降の歴史的革命路線をとらないとすればである。

〔二〕　カール・ポランニー

それでは、次に社会と国家、社会主義とアソシエーション・協同組合など、一連の課題設定に対して、ポランニー、ハーウェイ、柄谷、グラムシ、あわせてモリスの順に理論的考察を加えていく。まずポランニーの『経済と自由』（ちくま学芸文庫）からとりあげる。

あらゆる剰余価値から解放された経済においては、供給と需要が生産と分配を調和させる調節弁として機能する。そこでは、適正な賃金とは言えないような「企業家の利潤」は存在しない。また、いかなる危機も存在しない。というのも、価格はもはや隠蔽された剰余価値を実現するのではなく、ただ、等価な労働価値を実現するだけだからだ。そして、生産と社会的需要を対立させてしまうような「利潤経済」の倒錯は、社会の利益を当該社会に内在的な仕方で保障する装置へと転化する。

このような体制の社会においては、自由な協働が共同労働の一般的形態になる。自律的な協同組合（ゲノセンシャフト）の有機的構造の内部では、消費・生産組織が市場そのものを編成し、さらにあらゆる卸売商業、すべての投機、そしてその他のいかなる寄生的機構をも完全に閉め出すにいたる。この構造は機械的ではなく、あくまで有機的なものである。この社会の成員交際範囲の中で、自身が占める位置を見通すことができる。さらに彼らには、生き生きとした体験から、利己的な経済的衝動と並んで利他的な協働意欲がわき、これらの誘因を常にあらためつつ、個々の人格を全面的に保ったままでそれらを維持し育むことが可能とみる。

このように、資本主義経済における価格によって隠蔽された剰余価値、利潤から自由になって、等価な労働価値を実現するための消費・生産協同組合に期待をよせている。そして、さらに自由社会主義者として、協同組合的社会主義を次のように説明している。

協同組合的社会主義は市場経済と同義である。ただし、それは価格に隠蔽された剰余価値の搾取を実現する場としての、資本主義的な利潤追求経済の無秩序な市場ではない。そうではなくて、自由な労働の等価な生産物によって有機的に構成された秩序を持つ市場である。

自由社会主義にとってはただ自発的な協同組合があるのみで、それ以外のものには認知しないのである。

ここからわかるように、ポランニーは自由社会主義＝協同組合とを一体なものとみている。そして、自由社会主義と市場について簡潔に、

自由社会主義が、自由で協同組合的な市場経済の原理と矛盾しない範囲で、主要な機械

製生産手段の社会化を喫緊の措置として捉え、これを要請していることを指摘しておけば十分である。

そして、興味深いのは、ポランニーは、共産主義と世界革命とを区別し、その上で「偉大な世界革命」の意味を明らかにしている。

これを可能とするためには、あらゆる戦争と革命についてまわる非常事態の共産主義と本来の意味における偉大な世界革命との混同をやめる必要がある。そもそも世界革命とは、共産主義などでなく、世界中の、解放された土地に依拠する自由な労働者たちにより、待ち望まれた自由な協同組合が創造されることなのだ。

続けて、ポランニーは自由とアナーキズム、社会主義を関連付けて「今、求められているのは」と結論づけている。それが次の文章である。

今、求められているのは、自由主義が前時代の政治などではないこと、そしてアナーキズムが未来の政治ではないこと、そうではなくて、両者に共通する理念の内実こそが今日の現実を作り出しているのをはっきりと認識するべきだということである。

今、求められているのは、自由とアナーキズムを掲げた社会主義者による１００年におよぶ要求が――ユートピア的形態においてではなく、現実政治が求める実質に則した形で――ようやく満たされようとしているのをはっきりと理解すべきだということである。世界革命は、共産主義ではなく自由な社会主義を実現するのだ。

今、求められているのは、協同組合と共産主義とが相容れないという事実を最終的に認めることである。というのも協同組合は、自由な共同労働と自由な交換が、ともに行われるところでのみ存続可能だからだ。

以上が、ポランニーの資本主義から自由社会主義、すなわち協同組合とを一体化させた重要な思想である。

〔三〕　デヴィッド・ハーヴェイ

やはり、同じ地平に立って資本主義あるいは既存の社会主義を批判したハーヴェイの『資本の〈謎〉』（作品社）をとりあげる。さっそく引用すると、

私的所有と市場の諸制度によって媒介されると、ラディカルな平等主義は貧困者のホー

ムレス状態をつくり出し、金持ちには高級住宅のゲーティッド・コミュニティをつくり出す。

ハーヴェイが本来強調している「ラディカルな平等主義」は、ここで使われている「平等」とは意を異にしており、「私的所有と市場の諸制度によって媒介される」限りにおいてであり、著者自身の『新自由主義』（作品社）の新自由主義批判として理解すべきところであろう。また、国家との関係については、

私的所有と国家（国家は社会的所有の制度的形態を維持し保護することに専念してきた）は、資本主義の存続にとって決定的な二本柱であった。

そこで、ハーヴェイは、反資本主義に対する基本的な見解と、あわせて、既存の社会主義に対する批判も忘れなかった。ハーヴェイの思想と唯物史観に対する考えも明らかになっていく。

自治と労働者自主管理の構図はここでは理にかなっているのであり、それがその他の諸領域と民主主義的な形で結びついている場合にはとりわけそうである。同じことは、われわれがラディカルな平等主義の諸原理を日常生活の行為と結びつける場合にもあてはまる。

ＮＰＯ法人共同連が「共生・共働」の社会的事業所づくりの運動をしていることから、特に、「その他の諸領域と民主主義的な形で結びついている場合」および「われわれがラディカルな平等主義の諸原理を日常生活の行為と結びつける場合」という見解は非常に納得がいく。そしてさらに私にとってハーヴェイのことばが胸に落ちるのは、

社会的諸制度の領域で、ラディカルな平等主義がラディカルに平等主義的な形で機能するためには、所有のまったく新しい概念、すなわち私的所有の権利でなく共同所有の権利というまったく新しい概念が必要になるだろう。

このくだりは私にとって当を得た見解である。共生社会・主義の生産手段の所有論は、私有でも国有でもない、まったく別の共有論を徹底させたものに他ならないからである。私有から国有にひっくり返しただけの国家社会主義では、もはや答えはでている。だから、もう一つ別の答えを探さなければならない。それが次の文章である。

同じように、ラディカルな平等主義、生産の組織化、労働過程の機能の仕方、この三者の連結性（コネクテイヴイテイ）はワーカーズ・コレクティブ（労働者の協同事業体）、アウ

トノミア組織、協同組合、その他さまざまな社会的給付の集団的形態によって提唱されている路線に沿って練り直されなければならない。

「その他さまざまな社会的給付の集団的形態」とは、まさしく、私たち共同連が進めているWISEとしての共生・共働の社会的事業所にあてはまるものと考えられる。たとえ協同組合というシステムをとっていなくても、その理念と実践においてはむしろそれ以上の取り組みをおこなっているといえるであろう。（拙著第二部「共生・共働の理念と運動」を参照）

最後に、資本の「謎」と資本主義、唯物史観について検証を進めてみたい。ハーヴェイは、次のように論じている。

このことの政治的必然性を理解するためには、まずもって、資本の謎（ユニグマ）を解き明かさなければならない。いったんその仮面が剝がされ、その神秘性が暴かれたならば、何をなすべきなのか、なぜなすべきなのか、どのように開始するべきなのかをより容易に理解することができるだろう。資本主義はひとりでに崩壊することはない。それは打倒されなければならない。資本蓄積はけっして停止することはない。それは止めなければならない。資本家階級はけっしてその権力を自ら進んで放棄したりはしない。それは奪い取らなければならない。

なさねばならないことをなすことは、粘り強さと決意を、忍耐と抜け目のなさを必要とするし、それとともに道徳的憤怒から生まれた激しい政治的献身を必要とするし、それとともに道徳的憤怒から生まれた激しい政治的献身を必要とする。その憤怒は、搾取的な複利的成長が、地上における人間およびその他の生命のあらゆる側面に行っていることへの怒りである。このような課題にふさわしい水準の政治的動員は過去になされたことがある。そのような動員は間違いなくもう一度起こすことができるし、起こるだろう。清算すべき時期はとっくに来ているのだ。

私にとっての資本の「謎」は、まさに「不等価交換システムとしての資本主義」でありながら、市場は、そして貿易は一見等価の交換でかつ公正であるかのようにみせつつ、しかしその一方では、その不等価交換の隠蔽された内在的根本矛盾が貧困と富の格差を確実に拡大させて、いつその矛盾が爆発してもふしぎではない状態に置かれておりながら、資本家階級は、その事態に対して政治的対応をかろうじて取り続け自らの権力を手放そうとはしないことである。しかも、資本はあたかも自己運動をしているかにみえ、それを続け、自壊はしないということである。資本主義システムとはそういうものなのであろう。

かつ、物象性論からみても、搾取されているにもかかわらず、労働者はその搾取を経験的に可視化することが皆無に等しく、むしろ資本主義的イデオロギーを自然的に常識化して、雇用労働それ自体が当たり前なものと考えている。

また、唯物史観についてもハーヴェイのそれは、然りであろう。唯物史観を「導きの糸」とした宇野弘蔵にも相通ずるところがあるのではなかろうか。資本主義から社会主義への移行が歴史的に必然だとする唯物史観のドグマ、そうではなくて、そうであるからこそ、ハーヴェイは「資本主義はひとりでに崩壊することはない。それは打倒されなければならない。資本蓄積はけっして停止することはない。それは止めなければならない。資本家階級はけっしてその権力を自ら進んで放棄したりはしない。それは奪い取らなければならない。」と力説している。が、だからといって、政治的階級闘争一辺倒の、権力奪取のみを自己目的化したような、しかしそれも結局のところ、仮に権力奪取に成功したとしても、それは中央集権的国家社会主義を結果的に生みだすだけである。そうならないためにも、ハーヴェイが言うように、アソシエーション・協同組合の理論と実践、その創造を今から取り組んでいかなければならない。

ここで本章の論を先に進める前に、今一度唯物史観について振り返っておくのも有効であろう。資本主義のはじまりを、一二〜一三世紀から、あるいは一六〜一七世紀から、さらには一八世紀からの産業革命以降とする見方はそれぞれあるが、とりあえず唯物史観との関連で佐藤優氏の『いま生きる「資本論」』（新潮社）からとりあげておくのも大変興味深い。

グリーンランドの例を見るとよくわかります。外部に原因があったのです。グリーンランドって、文字通りグリーンランド（緑の土地）だったんですよ。一五世紀くらいまでは、樹々も草花もたっぷりあった。小麦もできていた。ところが、地球が一六〜一七世紀に急に寒くなったんです。グリーンランドは氷河で覆われてしまった。それによってヨーロッパ全域で毛織物が必要になり、大流行になった。羊毛でセーターをつくる、コートをつくるということがすごいビジネスになりました。そのためにイギリスでは農家を全部追い出して羊を飼い始めた。これが第一次エンクロージャー運動、囲い込み運動ですよね。追い出された農民たちが都市へ流れ込んできて、二重の自由を持つ近代プロレタリアートが生まれたのです。

以上のように、佐藤氏によれば、異常気象から第一次エンクロージャーが起こったという外部環境にその原因の一つを求めていること、そのことと唯物史観の公式とがどのように資本主義の発生を説明するかは大変興味深いところである。

また、ウォーラーステインが『近代世界システム』で展開したように、一見、非資本主義的な地域または国であっても、すでに世界分業の中に組み込まれている以上は当然それも資本主義なのである。その意味でも、日本資本主義論争をめぐる講座派と労農派の対立はいうまでもなく労農派の方が正しいといえる。

あるいは、世界史の発展段階論においても、すべての地域または国が必ずしもアジア的、古代的、封建的、資本制的発展段階を、総じて一律に通過してきたというわけでもない。それはまさしく地球規模においてのそれであって、したがってそこからいえることは、唯物史観の正当性がそれで損なわれるということにもならない。といって、繰り返すまでもなく、資本主義から社会主義への移行が歴史的に必然だとするドグマには、私は与みできない。その意味でも、生産手段の私的所有と生産の社会化の関係については根本から問い直さなければならないであろう。

〔四〕 柄谷行人

それでは次に、柄谷氏の『世界史の構造』（岩波書店）をとりあげることとする。柄谷氏は、世界史を、つまり社会構成体の基礎を生産様式ではなく交換様式から見るべきであるとしている。同様に、『資本論』についても、古典派経済学者や正統派マルクス主義者たちとも違って、生産過程から流通過程にその軸足を置いている。それゆえ、生産過程に対する過度な重視と流通過程の軽視が、資本の蓄積過程に対応した対抗軸としての運動を損ねてきたと主張している。

ところで、柄谷氏がこのように交換様式を世界史から分析していることに対して、私は、近・現代の資本主義からその分析を始めているのであって、「不等価交換システムとしての資本主義」を問題にしているのである。それを「否定の否定」の弁証法によって、主体的に高次の「人間的不等価交換論」の可能性についての、互酬性、相互扶助、贈与の哲学と経済学にそれを見出そうとしているのである。私としてはおそらく、柄谷氏もそれを「交換様式Ｄ」、すなわちアソシエーション・協同組合としての「交換様式Ｄ」とは、国家社会としての「交換様式Ｂ」と産業資本主義としての「交換様式Ｃ」によって抑圧された氏族社会としての「交換様式Ａ」を高次元で回復したものであるとみていると思われる。その「交換様式」の関係性を概観しておこう。

交換様式Ａ　↓　互酬性（贈与と返礼）　ネイション　ミニ世界システム
交換様式Ｂ　↓　略取と再分配（支配と保護）　国家　世界＝帝国
交換様式Ｃ　↓　商品交換（貨幣と商品）　資本　世界＝経済（近代世界システム）
交換様式Ｄ　↓　Ｘ　世界共和国。

ネイションとは、商品交換の経済によって解体されていった共同体の創造的回復に他ならない。ネイションは空想ではなく創造である。道徳感情、共感、同情である。

それではまず、生産様式ではなく交換様式・流通過程について検討してみよう。

資本の蓄積過程としては一般的には資本は貨幣と同一視されるのだが、マルクス『資本論』においては、資本は自ら変態を通して自己増殖するのであって、主体が貨幣、生産手段の不変資本、可変資本（労働力）、商品という変化の過程で、利潤増殖をなしとげるのである。

労働者と資本家が出会うのは三つの局面、すなわち雇用契約を結ぶとき、生産労働をするとき、その生産物を消費者として買うときである。なかでも二〇世紀に入ってからは第二の局面である労働組合やその運動が次々と合法化され、その多くは経済闘争へと変化していった。あわせてルカーチが言うように、労働者階級が物象化された意識に陥っていること、したがって労働者が階級意識に目覚めて政治闘争に向かうということにはならない。労働者は雇用契約を結んだ以上は強制的に生産に留まらざるをえない。拒否はできない。

ところが、奴隷は消費者にはなれない。消費者とは、プロレタリアが流通の場において現れる姿だという。労働者の生産点運動には限界があるが、労働者が消費者として資本家に出会い、向き合うことができる局面である。しかも資本家から買うことを強制されない。だから、流通過程の闘争としての不買運動は有効であるとする。消費者運動はまさにプロレタリアの運動であり、またそのようなものとしてなされるべきであるという。市民運動であれマイノリティやジェンダーの運動であれ、それら労働者階級の運動と別のものとみなすべきではない。流通過程においては、資本はプロレタリアートを規制できないというのである。

柄谷氏のこうした見解によれば、たしかに、労働者が生産点のみに闘争の拠点を置く時代でもないといえる。資本主義的矛盾は社会全体を覆っているからである。それゆえ、それだからこそ、市民運動、社会運動、とどのつまり、労働者自身も社会的相対関係の中で、社会問題に向き合って対応するのも必要であろう。なぜなら、資本家と労働者の対立が経済闘争という生産性の中に完結させられてしまうからである。だから外部注入論の「知識人」とともに、むしろ、市民運動、社会運動のほうがより「知識人」になりうるかもしれないのである。

ただし、不買運動が怒りの表現・糾弾、あるいは社会への啓発、企業行動の是正という面では大いに効果があるところではあるが、たとえば森永ヒ素ミルク事件で不買をしても明治製菓があり、フォルクスワーゲン社をボイコットしてもトヨタ社があるといった具合で、柄谷氏も過度に流通過程としての消費者運動に傾きすぎているかのように思われる。総資本を守るためなら、国家は個別資本を犠牲にすることだってあり得るからである。生産拠点闘争か、あるいは流通過程の闘争の二者択一ではないだろう。その意味でも、生産拠点闘争を第一にしながら、しかしそこにおいては市民運動、社会運動とともに、労働力商品化市場であるがゆえに働けない障害者の労働問題、および労働者生産協同組合、ワーカーズ・コレクティブなどの自発的、自立的共同労働の価値にも触れるべきであろう。それによって、雇用労働者は自らの労働のありかたを問い直すことになろう。賃上げや労働条件の改善ばかりではなく、である。それも生産拠点闘争の一つではなかろうか。

といって、おそらく、雇用労働者がそれらの現実を見たら躊躇するであろう。そのような協同労働の不安定性、小規模で所得水準も決して高いとはいえない。それも、資本主義的自由競争、市場競争が現実だからであり、社会的事業所、社会的企業の壁の外は市場競争、壁の中は非市場なのであるから、それは否めない。なぜなら、世界システムの中で一国社会主義が成り立たないのと同じである。だから、それは、今、人間らしく働くことを実感して生きることを選ぶのか、そして同時にそれが未来への「モデル」であるということの可能性の自負心が開けるかでもある。少なくとも、オルタナティブなアソシエーション・協同組合はそれだけの価値はあるはずである。

それにひきかえ、いずれにしても労働者は資本家・経営者との対立はさけられない。あるいは労資協調と見えようとも、結局、労働力商品化では労働者は資本家に依存・隷属せざるをえない。イギリスの諺に、工場の門の前までは民主主義だが、門の中は民主主義ではないという内容のものがある。雇用労働者は自由ではない。もし自由があるとしたら、倒産か解雇、もしくは退職だけである。自らをみじめに思うかどうかは別だが、客観的にはみじめである。柄谷氏は、そのみじめさを超える「交換様式D、X」としてアソシエーション・協同組合を考えている。それに照応したものが「世界共和国」であるという。

さらに話を前に進めると、カント、ヘーゲル、マルクスではなく、カントとマルクス、言い換えればカントと資本主義そして「世界共和国」となる。もちろん、『資本論』が書かれた「時代」だから『資本論』が書けたのであって、それ以前でも以後でも『資本論』は誕生しなかったであろう。その意味で、カントから資本主義を全面展開するのは柄谷氏自身でもある。それゆえ、ここでは柄谷氏のカントに沿って論を進める。最終的には、「道徳法則の目的国」「諸国家連合」「諸国家連邦」、そして「世界共和国」に至る。

柄谷氏がかくもこれほどにカントに接近した理由は、と思われるのは、マルクスの社会主義がなによりも道徳的問題であることが一般的に無視されているという反省から、ヘーゲルを飛び越えてカント、そのカントとマルクスを一体のものとして理論設計し直したものと理解される。そのことは、ホッブスのような超越的な権力「国家」を持つことによって平和状態を創設するという考え方、これもまたヘーゲル的でもあるが、これに対してカントは、永遠平和への道筋を世界国家ではなく諸国家連邦に見出したゆえ、それを拒絶した。カントは、ホッブスやヘーゲルのような「交換様式B」に基づくものではない。ヘーゲルに対するカントの批判も、これが逆説的でわかりにくいのだが、カントは諸国家連邦を構想しつつそれが人間の理性や道徳性によって実現されるとはまったく考えておらず、それをもたらすのは人間の反社会的社会性、言い換えれば、戦争だと考え、ヘーゲルの理性の巧知に対して、カントのそれは自然の巧知とした。ヘーゲルの平和への考え方はホッブス同様、世界を支配する強力なヘゲモニー国家がなければならないとした。世界国家である。

ただ、柄谷氏は第一次世界大戦後に国際連盟ができ、第二次世界大戦後に連盟よりより良い国際連合ができたと評価し、国際連合の改革を求めている。だが、現在の国際連合はそもそも第二次世界大戦の戦勝国の連合を目的にしたものであって、現実にはヘゲモニー国家の争いの場にもなっている。氏のカント論に従えば、国連の改革に失敗してもし第三次世界大戦にでもなれば、むしろその後においては今以上の「諸国家連邦」に近づくとさえ聞こえてくる。私の解釈が、いささか単純化しすぎであろうか。ということから、いずれにしても、カントとマルクスである。

カントの道徳法則とは、柄谷氏によれば、労働力商品の揚棄を含意にもつものであり、労働者（人間）を資本増殖の手段としてではなく、目的にしようとしているからである。カントの普遍的道徳律、道徳法則は、他者を手段としてのみならず、同時に目的として扱うことである。資本は自己増殖を目的にしているため、結果、労働者（人間）を目的にではなく手段にしてしまっているのである。

柄谷氏が、ヘーゲルを飛び越えてカントに戻った理由の一つはそこにもある。

そこで、カントは、他者を手段としてのみならず同時に目的として扱うという道徳法則が実現される社会を「目的の国」と呼んでいる。それは当然、資本主義が揚棄された状態である。宗教を批判しつつ、なおかつ、カントは宗教の倫理的革新、「交換様式D」を抽出する課題を想定していた。

しかし、「目的の国」は一国の下だけでは実現できない。「目的の国」が実現されるときには必然的に「世界共和国」となっていなければならない。カントは、この「世界共和国」を人類史が到達すべき理念として論じている。

さらに、カントの『永遠平和のために』についていえば、そこでは諸国家連邦という構想が示されているのだが、それは単に平和のための提案というだけではない。「永遠平和」とは、単に戦争の不在としての平和ではなく、一切の敵意が終わるという意味の平和である。それはもはや国家が存在しないことである。すなわち国家の揚棄を意味するのである。したがって、その道徳法則に基づいて国家を揚棄して世界市民的な、道徳的な共同体、すなわち「世界共和国」であり、「世界共和国」は国家と資本が揚棄された社会を意味する。

ここで柄谷氏の社会主義に対する考え方を簡単に述べておく。

社会主義とは、「交換様式A」の互酬性的交換様式を高次元で回復した「交換様式D」であり、アソシエーショニズムを核心とする。社会主義は国家を否定する社会であり、資本＝ネイション＝ステイトを超えることである。アソシエーション国家、道徳法則の目的国、そして世界共和国である。

最後に、贈与と分配、再分配の関係について触れておきたい。

というのも、第２章の贈与の哲学と経済学のところでも述べたが、贈与とは、贈与者と授贈与者の関係が直接的でかつ水平的であって、しかも自発的で、いっさいの見返りを求めない純粋贈与ということになる。しかし、それですべての経済や社会が平等に回っていけるのかというと、私には疑問が残る。地球規模で考えた時にはなおさらで、ただ贈与だけでは順調に進まないのでは、どこかで調整する分配ないしは再分配機能が必要ではないかということである。共有する情報や社会インフラのありかたを考えたときにも、それなしにはむしろ善意の不平等が生まれかねない。原理は当然贈与であるが、それに加えて、その他互酬性、相互扶助、分配ないしは再分配等を、立体的かつ総合的に組み合わせてもよいのではないだろうか。私の「人間的不等価交換論」は、柄谷氏が言うように分配的正義ではなく交換的正義と同様なのである。

当然再分配について柄谷氏が批判するように、私も批判する。その批判とは、ジョン・ロールズが、福祉国家主義を積極的に根拠づけようとして、経済的格差に反対し、富の再分配をアプリオリに道徳的な正義という観点から基礎づけようとしたことである。それはトマ・ピケティにも相通じる。なぜなら、本来、経済的社会的格差を再生産するシステムそのものを止揚しなければならないからである。

また、ODAの問題もしかりである。海外援助といっても、所詮自国の利益に則した政治的思惑がそこに秘められているからである。そのようなことを十分認識したうえで、私は、「贈与」だけですべてが乗り越えられるかということに、いささか不安と懸念を持っている。

〔五〕 グラムシ

さて、次はグラムシについて検討してみよう。そのためには、松田博著『グラムシ研究の新展開――グラムシ像刷新のために――』（御茶の水書房）をテキストに採用する。

グラムシは、自治体国家としてのイタリア、協同組合本家のイタリア、そしてソ連・コミンテルンと西洋先進国の政治社会状況の関係、しかも長い獄中生活の中で、独自のマルクス主義を発展させた。その特徴の第一は、イタリア社会主義発展におけるアソシエーションション社会主義または協同組合社会主義、ひいては自治体社会主義の理論的形成、第二は、グラムシの社会主義像が、イタリアを通してグラムシを、グラムシを通してイタリアの社会主義像を形成することとなった。

それは、とりもなおさず、アソシエーションと市民社会論を組み込んだ社会主義像の理論的探究である。リベラルソーシャリズム論といってもよく、反国家主義の社会主義であった。

後進国におこったロシア革命の後進性とは違って、西洋の先進資本主義諸国における社会的、文化的変革、その特質はオルタナティブへゲモニー形成論であった。いうまでもなく、へゲモニー国家のそれではない。それゆえ、民衆的アソシエーションに支えられた協同組合社会主義なのである。さらに１９７０年代には、中央集権的国家社会主義のソ連モデルとは全く異なって、自治体・コムーネの意義を重視する自治体社会主義の理論的武装にまで影響をあたえることとなった。

用語の概念としては、イタリア語ではアソシエ、それはラテン語のソキオネ（仲間同士）に起源をもつ多様な派生語の一つであり、ソキオネの結合体の意は結社で、その理論的運動をも意味する。ソキオネ、イタリア語ではソキオノ、同義語にコンパーニョがあるが、これは「パンを食べた仲間」だという。「同じ釜の飯を食う」と同義語ということになろう。

このように、中央集権化したソ連の党官僚、上から政治支配を貫徹する国家体制とはあきらかに違った理論と実践、それがグラムシをへて、イタリアをして、結実していたのが自治、分権、参加型のアソシエイティブ・デモクラシーの民衆的政治文化形成の歴史であった。

日本ではCOOPというとたいてい消費者生協のことをいうのであるが、イタリアでは生産、流通、サービス、消費などの各部門を統合した強力な運動が伴って発展してきており、三大民主主義運動として政党、労働運動、協同組合運動という具合に位置付けられている。それゆえ、協同組合運動は政治運動や労働運動の副次的なものではなく、資本主義社会のシステムを再編・変革、したがって民主的社会変革の有機的構成部門を形成して、かつ、将来社会の萌芽を育てるオルタナティブ運動の一翼を担い、さらには民衆の自主管理、自己統治能力の育成を強力に推し進めるものとして位置づけられてもいるのである。このような、もはや、既存の社会主義とはまったく異なった非国家主義社会主義の知的探究とも強く結びついていることをうかがわせる。

協同組合に期待されるこうした理念と実践は、第一に労働者中心主義ではなく、第二に反資本主義イデオロギーの徹底である。

イタリアでは19世紀中葉の国家統一の運動期に、協同組合社会主義とほぼ同時期に形成された自治体社会主義と呼ばれる思想的、理論的潮流をルーツに持つ。それらは国家転覆ではなく、国家の改革が社会主義諸運動の共通の課題であった。

ここまで見てくると、協同組合には現実において二つのタイプがあることがわかる。一つは、下から作る「社会変革的協同組合」であり、また一つは、上から作る「保護主義的協同組合」である。さらに、協同組合の対象分野が生産、流通、サービス、消費などを総合的に包含したタイプと、各対象部門を縦割りにした非統合的個別主義とになっている。

つまり、「社会変革的協同組合」かそれとも「保護主義的協同組合」か、あるいは、「統合主義的協同組合」かまたは「個別主義的協同組合」かということになる。一口に協同組合といっても、その運動の位相には社会化と政治性、あるいはそのダイナミズムにおいて大きな隔たりもあるだろうが、この点に関して、日本でもイタリアから学ぶべきところは大いにあると思われる。ただその点についてはイタリア固有の「自治体」という事情もあることはたしかである。

それでは次に、その自治体ということについて考えてみたい。イタリアでは、自治体が、労働運動や協同組合運動をはじめ、広範な社会運動に支えられて、またそれらを支援するという関係から、それに基づいた新たな社会改革の提起にもなり得るという自治体への自覚も生み出された。その意味で、自治体が、イタリア社会主義にとっての実験室となったのである。

これは、アソシエーションの体系としての市民社会論と結合し、自治、分権および参加型の市民社会主義像を形成したともいえる。それによって、いわば彼岸の社会主義像から此岸の社会主義像へ転換がはかられたといえなくはない。

ここで、ヘゲモニー国家という意味でのヘゲモニーとはまったく違う意味で、グラムシはヘゲモニー論について、「国家は、一般に政治社会、すなわち所与の時代の生産様式と経済に人民大衆を適用させるための独裁または強制措置として理解されていて、政治社会と市民社会との均衡、すなわち、教会、組合、学校等とのいわゆる民間組織を通じて、国民社会全体に対して行使される社会集団のヘゲモニーとしては理解されていません」（『獄中からの手紙』大月書店）と、のべている。

まさにグラムシ思想の核心的部分である。グラムシの人類史的歴史観には、国家の終焉、政治社会の市民社会への再吸収、自己規律的（ソチエタレボラータ）の形成が理論的に契機としてふくまれている。

この場合の「政治社会の市民社会への再吸収」の市民社会が、まさに私が言うところの「共民社会」であり、ポランニーが言うようにマルクスにあっては「人間的社会」なのである。（「マルクスの『ある』と『あるべき』」参照）なぜなら、マルクス自身が言うように、近代国家を市民社会の自己疎外ととらえていたのである。それを、ぜひ、拙著第一論考の『「市民」から「共民」へ』、および『結語にかえて』の「概念的イノベーション」をお読みいただければ幸いである。

さらにグラムシの革新的思想を再確認しておけば、国家の目標としてこの国家自身の死滅、終焉を主張し得るような、つまり、「政治社会の市民社会への再吸収」を国家目標としての原理的体系であることを確認する、と指摘しておけば十分であろう。

〔六〕　社会主義の「冠」

さて、本章ではすでに4人の著名な思想を検証してきたが、今度はその思想を簡単に確認する意味でも、またその多様性をいかすためにも、社会主義の頭にどのような冠をもってくるのかである。さらに、社会主義の本来の内実に迫るためにも、それぞれの冠の意味するところを参考に考えてみたい。

私の場合は「共生社会・主義」ということになるのだが、それらすべて、その含意はおおむね等しいものであるといってよいであろう。しかしながら、なぜ、私たちがこれほどまでに苦闘を強いられなければならないのかは、一切、中央集権的国家社会主義、レーニン、スターリン主義のつけを背負わされたということに尽きる。あわせて、それが恐怖政治と結びついて、政治的自由と人権尊重がないがしろにされたということであればなおさらである。

もちろんそれでも一つだけ擁護できるとしたら、社会主義革命が、イギリスなどの先進国からではなく、後進国ロシアに起こったという歴史的事実である。また、たとえそれがレーニンのクーデターだという指摘があるにしても、ロシア革命が輝かしい歴史の一ページを飾ったことは確かである。

それでは、マルクス・レーニン主義ではなく、あるいはどのような社会主義への道筋を歩めばよかったかについて理論的、科学的ユートピアとして、『ウィリアム・モリスのマルクス主義』を参考にしたい。

　モリスは、エンゲルス・レーニン流の唯物史観の枠組みに、マルクス『資本論』の商品・貨幣・資本の科学を組み込もうとはしませんでした。むしろ唯物史観の枠組みを考慮することなく、所有法則の転変についても、そこから生ずる「誤解」に重大な警告を発していたのでした。そして、先輩のラスキンなどから学んだユートピストのロマンチックな人間解放の社会主義としての理想を、マルクス『資本論』の科学によって根拠づけようとしたのです。モリスの〈科学的社会主義〉の主張は、エンゲルス・レーニン流の唯物史観に還元された〈社会主義的科学〉ではない。唯物史観のイデオロギーに従属させられた科学ではないのです。逆に、共同体の新たな復権を目指したユートピストの思想を、『資本論』の科学によって基礎づける〈科学的社会主義〉の主張だった。

　事実、『資本論』の科学は、社会主義のイデオロギー的主張の書ではありません。社会主義のイデオロギーにより変革すべき対象、つまり純粋資本主義の運動法則が書かれ、変革の主人公であり、主体となる労働力商品=賃金労働者の経済的地位が明らかにされます。それだけであり、それ以上ではありません。

「センチメンタルな空想的社会主義者」として排除されたモリスですが、唯物史観のイデオロギー的仮説から自由になって、純粋資本主義の経済的運動法則を『資本論』から学んだ。そして、その科学の裏づけのもとに、自らの芸術的実践から生み出され、職人・クラフツマンの労働の喜びを伴う体感を、共同体社会主義のイデオロギーとして、主張しようとしたのです。エンゲルスのように、『資本論』の科学を、唯物史観のイデオロギーの仮説の枠内に還元したのではない。逆に、『資本論』の科学により、自らのイデオロギーの主張を基礎づけようとした。エンゲルスの『空想から科学へ』ではない。逆に、『科学からユートピアへ』の理想のヴィジョンを訴えようとしたのです。

モリスの共同体社会主義の共同体の単位は、地域のコミュニティとしての「教区」ですし、共同体の組織も、宗教的な倫理観が強い〈共生〉に基づくものだからです。

最後に、大内力の講演録をまとめた『協同組合社会主義論』（こぶし書房）も出版されていることを書き添えておく。社会主義の頭にどのような冠が望ましいかについて改めて紹介したい。まるで一つの詩のようでもある。

アソシエーション社会主義
協同組合社会主義
リベラル社会主義

市民社会主義
自治体社会主義
自由社会主義
共同体社会主義
人間の顔をした社会主義
土着社会主義
そして
共生社会・主義

ちなみに脱学校、脱病院、脱施設で有名な文明評論家イワン・イリイチが、１９７３年に、共生（convivial）を提唱し、今フランスでも、また日本でも、共生主義（convivialism）が宣言されている。

本章を終えるにあたって、読者の方々にはぜひ第Ⅱ部も読み進めていただけることを期待する。

人間の解放は、障害者に始まって「障害者」に終わる！なぜなら、搾取の対象にすらなれない障害者を人間にするからである！

第Ⅱ部

キーワード「障害者」で社会を変革する

第1章　社会が「人」を障害化する

本書は『障害者が労働力商品を止揚したいわけ』の第七論考より引用する。

〔一〕　狭義の意味と広義の意味の「障害化」

障害に対する見方については、以前のような医学（医療）モデルは影をひそめた。それに替わって今では一般的に「社会モデル」が採用されている。

社会モデルとは、一言でいって、障害はインペアメントと環境との間で成立し、その社会的障壁を除去するためには合理的配慮が社会の責任であり、その合理的配慮の欠如が差別にあたるとしている。

こうして社会モデルに立つと、社会的環境にとっての「社会」とは社会「一般」となり、当該社会の経済構造やそれを成り立たせているイデオロギー的価値観が捨象されてしまい、もっぱら制度政策に収斂されてしまうことになりかねない。合理的配慮をどの程度まで認めるか、あるいは福祉や社会保障をどれだけ充実するかなどに政策的重点が置かれ、当該経済社会の構造や価値論に踏みこむことがおろそかになってしまうことになりかねない。政府や民間事業者に要求することにより一定政策は前進するものの、もちろんそれは必要なことであるが、他方問題は当該経済社会の構造や価値論に対しては根源的批判には向かいにくい。なぜなら、社会「一般」とは、その当該社会が依って立つところの価値論や観念はイデオロギーとしてではなく、一般的普遍的観念（常識）として人々に受け入れられているからである。

ところで「障害化」には狭義の意味の障害化と、広義の意味の障害化がある。狭義の意味の障害化とは、戦争や公害、労災や交通事故が原因で人災的に惹き起こされるインペアメント（障害）のことであり、広義の意味の障害化とは、本論考で扱う「社会が『人』を障害化する」という意味のことである。この場合の「人」とはすべての人のことを意味し、障害のない人も含めたすべての人のことで、なぜなら社会的存在としての人間が同じ当該社会の価値体系の中に包含されているからである。まさにその価値体系が問われなければならない。

〔二〕 人間関係が障害をつくる

（1） 分離された「空間」と健常者の「第三者性」を問う

まず、文章を感動をもって読んでいただきたい。それは昨年春、私にネットで送られてきた文章である。

きいちゃんという女の子は、手足が不自由でした。そして、いつもうつむきがちの、どちらかというと暗い感じのするお子さんでした。

そのきいちゃんが、ある日とてもうれしそうな顔で、「山元先生」と言って職員室に飛び込んできてくれたのです。

「お姉さんが結婚するのよ、今度私、結婚式出るのよ。ねえ、結婚式ってどんななの、私どんな洋服着ようかな」と、とてもうれしそうでした。「そう、良かったね」と、私もうれしくなりました。

ところが、それから１週間もしないころ、今度はきいちゃんが教室で泣いている姿を見つけたのです。「きいちゃんどうして泣いているの」と聞くと、「お母さんが、結婚式に出ないでって言うの。私のことが恥ずかしいのよ。お姉ちゃんばっかり可愛いんだわ。私なんか産まなきゃ良かったのに」とそう言って泣いているのです。

きいちゃんのお母さんは、お姉さんのことばかり可愛がるような方ではありません。どちらかというと、かえってきいちゃんのことをいつも可愛がっておられて、目の中に入れても痛くないと思っておられるような方でした。

けれどももしかしたら、きいちゃんが結婚式に出ることで、例えば障害のある子が生まれるんじゃないかと思われたり、お姉さんが肩身の狭い思いをするんじゃないかというようなことをお母さんが考えられたのかなと、私は思ったりしていました。

きいちゃんに何と言ってあげていいかわかりませんでしたが、ただ、結婚式のプレゼントを一緒に作ろうかと言ったのです。お金がなかったので、安い晒（さらし）しの生地を買ってきて、きいちゃんと一緒にそれを夕日の色に染めたのです。

それでお姉さんに浴衣を縫ってあげようと提案しました。でもきいちゃんは手が不自由なので、きっとうまく縫えないだろうなと思っていました。けれど1針でも2針でもいいし、ミシンもあるし、私もお手伝いしてもいいからと思っていました。けれどきいちゃんは頑張りました。最初は手に血豆をいっぱい作って、血をたくさん流しながら練習しました。

一所懸命にほとんど1人で仕上げたのです。とても素敵な浴衣になったので、お姉さんのところに急いで送りました。

するとお姉さんから電話がかかってきて、きいちゃんだけでなく、私も結婚式に出てくださいと言うのです。お母さんの気持ちを考えてどうしようかと思いましたが、お母さんに伺うと、「それがあの子の気持ちですから出てやってください」とおっしゃるので、出ることにしました。

お姉さんはとても綺麗で、幸せそうでした。

でも、きいちゃんの姿を見て、何かひそひそお話をする方がおられるので、私は、きいちゃんはどう思っているだろう、来ないほうが良かったんだろうかと思っていました。そんなときにお色直しから扉を開けて出てこられたお姉さんは、驚いたことに、きいちゃんが縫ったあの浴衣を着ていました。一生に一度、あれも着たいこれも着たいと思う披露宴に、きいちゃんの浴衣を着てくださったのです。そして、お姉さんは旦那さんとなられる方とマイクの前に立たれ、私ときいちゃんをそばに呼んで次のようなお話をされたのです。

「この浴衣は私の妹が縫ってくれました。私の妹は小さいときに高い熱が出て、手足が不自由です。でもこんなに素敵な浴衣を縫ってくれたんです。高校生でこんな素敵な浴衣が縫える人は、いったい何人いるでしょうか。妹は小さいときに病気になって、家族から離れて生活しなければなりませんでした。

私のことを恨んでるんじゃないかと思ったこともありました。でもそうじゃなくて、私のためにこんなに素敵な浴衣を縫ってくれたんです。私はこれから妹のことを、大切に誇りに思って生きていこうと思います」

会場から大きな大きな拍手が沸きました。きいちゃんもとてもうれしそうでした。

お姉さんは、それまで何もできない子という思いできいちゃんを見ていたそうです。でもそうじゃないとわかったときに、きいちゃんはきいちゃんとして生まれて、きいちゃんとして生きてきた。これからもきいちゃんとして生きていくのに、もしここで隠すようなことがあったら、きいちゃんの人生はどんなに淋しいものになるんだろう。この子はこの子でいいんだ、それが素敵なんだということを皆さんの前で話されたのです。

きいちゃんはそのことがあってから、とても明るくなりました。

そして「私は和裁を習いたい」と言って、和裁を一生の仕事に選んだのです。

〔養護教育の道に生きて〕山元加津子（石川県立小松瀬領養護学校教諭）致知』一九九七年一一月号　特集「一道を拓く」より〕

これを読んで、私も感銘をうけた。じーんとくる話である。しかし、ただ感動で終わってよいのかということである。この現実の物語性をそもそも成り立たせている背景、その客観的諸条件とはいったい何であるかであり、そのことを私たち自身の問題として捉えなくてもよいのであろうかということである。

問題の所在のひとつは、育ち・学び、大人になっていく過程で障害児と健常児が、障害者と健常者が双方に分離された「空間」、特別支援学校や学級、障害児のための放課後デイサービス事業、「地域の缶詰」と私が称する障害者だけを集めた地域通園施設、要するに、このように分離された「空間」が障害者（きいちゃん）を「異邦人」に仕立て上げてしまう。あわせて、障害者（きいちゃん）にはすでに差別や偏見が付着していることにも留意すべきであろう。こうした人間関係のもとに「障害化」されるのである。

二つめの問題は、感動した「あなた」も、実は母親が懸念してきいちゃんを披露宴に出させないようにさせてしまった存在、すなわち披露宴の「客」でありえたのではないかということである。自分自身も、気づかないうちに社会的に排除する側の一員であったかもしれないということである。その自覚が重要なのである。

（2）「支援」から「共に」へ

この一文は、本田美和子、イグ・ジネスト、ロゼット・マレスコッティ氏が日本に紹介した『ユマニチュード入門』（医学書院）を参考にしたもので、その哲学と技法を認知症の高齢者のケアに限定することなく、いわば共同連的な理念と実践に即して読み換えたものである。その核心が、「支援」から「共に」への哲学である。

この立場は、障害者を政策の対象として限定的に「支援」する今日的な施策ではなく、「共に」の哲学に収斂させた意想と方法に他ならないものと言える。なかでも重要なのは、「その中心にあるのは『その人』ではありません。ましてやその人の『病気』ではありません。中心にあるのは私とその人との『絆』です。」である。これがユマニチュードの核心である。

アフリカのフランス領マルティーニタ島の出身の詩人である政治家であったエメ・セゼールが、一九四〇年代に提唱した、植民地に住む黒人が、自らの「黒人らしさ」を取り戻そうとした活動「ネグリチュード」にその起源をもつ。その後一九八〇年にスイス人作家のフレディ・クロプフェンシュタインが思索に関するエッセイと詩の中で、〝人間らしくある〟状況を、「ネグリチュード」を踏まえて「ユマニチュード」と命名した。

さらに、さまざまな機能が低下して他者に依存しなければならない状況になったとしても、最期の日まで尊厳をもって暮らし、その生涯を通じて〝人間らしい〟存在であり続けることを支えるために、ケアを行う人々がケアの対象者に「あなたのことをわたしは大切に思っていいます」というメッセージを常に発信する、つまりその人の〝人間らしさ〟を尊重し続ける状況こそがユマニチュードの状態であると、1995年に、イブ・ジネスト、ロゼット・マレスコッティの二人が定義づけた。これがユマニチュードの誕生である。

そこからつまり、「ケアする人は環境の一部」「ケアをしている私とはどんな存在なのか？そしてケアを受けているこの人はどんな存在なのか？と問いかけることから、その関係づくりを始めます。」となる。「ユマニチュードを支えるもう一つの根源的な問い―『人間とは何か』であり、「ユマニチュードは自分も他者も『人間という種に属する存在である』という特性を互いに認識し合うための一連のケアの哲学と技法です。」というものである。

私たちは、この哲学を、認知症の高齢者のケアに限定する必要はないであろう。福祉社会から共生社会へ、さらには世界観と社会観、人間観に、つまり共同連的な理念と実践にそれをひきつけることであろう。だから、福祉制度を使っても「福祉」を否定する。支援制度であっても、「支援」を否定する。それが70年代からの私たち共同連の基本理念と実践のレゾンデートルである。

要するに、「支援する、される」関係ではなく「共に」の関係である。

人権を尊重しながらも、主体と主体が個人主義的に対象化、対立化し合う関係ではなく、むしろ主体と主体を共有しあう関係としての世界観、社会観、人間観を創造していくことであろう。もちろんそこには依存や従属関係は存在しない。仮にそのようなことが発生するとしたら、それは個人主義に起因するのではなく、むしろ利害と対立を生みだす経済的、社会的、制度的構造に問題があるということであろう。

いつの世も、プライベートのレベルではいざこざは絶えない。

〔三〕「障害」は社会概念であって、自然概念ではない

自然概念とは「自然界における動物としての行動能力の制約や、知的、精神的判断能力の制約」であって、自然的生物学的実態にすぎない。目が見えない、耳が聞こえない、歩けない、判断しにくいは非制約的状態である。これに対して、社会概念とは、人間は「社会-内-存在」であって、社会的動物、社会的存在である。類的存在なのである。

障害とは、自然概念（自然的実態）に対して、社会概念（社会的価値と関係）がそれを規定する。すなわち、社会的「価値と関係」が障害の原因であり、障害を成立させる。比喩的にいえば、作家の吉岡忍氏がこう説明している。東日本大震災はそこに人や家があったから大震災になったのであり、もし人も家もそこになかったら、それはただの大津波の自然現象にしかすぎない、と。

それでは、社会的「価値と関係」とはなにか。社会的価値は基本的には経済によって規定される。マルクスが言うように、人間の意識が彼らの存在を規定するのではなく、逆に、社会的存在が彼らの意識を規定するのである。したがってそれは、抽象的な社会「一般」に還元されることなく、具体的かつ現実的な実態としての社会そのものである。それは言うまでもなく、近・現代の資本主義経済社会そのものである。

〔四〕 搾取からの解放と労働力商品の廃絶と止揚

資本主義を資本主義たらしめている物質的諸条件の根本問題は、生産過程において人間労働を労働力に変え、本来商品にはならないその労働力を商品にしてしまったことであり、同時に、その交換過程においても外面的には形式的等価交換を装い、実質的には不等価交換をその内側に隠ぺいして外見上合理的な経済を成り立たせている。資本主義は、実質の不等価交換を内在させて形式的には等価交換の内にそれを隠ぺいさせた、歴史的にも「完成」された合理的経済なのである。その商品市場経済が、社会を全面的に支配する歴史的にも特殊で固有な一段階の経済社会を成立させた。しかしながら一見このように合理的ともみえる経済も、その矛盾は恐慌という形で現れたり、また社会の内部に格差と排除を生みだすといった結果も露呈するのである。

資本主義とは生産するものすべてが商品であり、利潤追求の資本増殖を目的にした生産、商品市場経済である。そして、資本主義経済の内在的基本矛盾は、本来商品にはならない労働力までも商品にしてしまったことに他ならない。労働力はすなわち労働力商品であり、人間労働が労働力として商品化されたのである。

では労働力商品とは何か。資本家（経営者）と労働者の間で賃金を通して労働力を売買することである。それは同時に、搾取の構造でもある。収奪（年貢）やピンハネ（ごまかし）は可視化できるが、搾取は経験的にも可視化できない。なぜなら、搾取とは、完結した労働疎外としてはその疎外すら意識されない状態におかれること、であるからである。

例えば、時給８００円でハンカチを１時間に２枚生産するとする。８時間で６４００円、16枚のハンカチを生産することになる。ところが百貨店でハンカチ１枚に１０００円の値札がつけられて、16枚売れるとする。売上は１６０００円である。すでに賃金（必要労働）として６４００円が支払われており、その他諸経費例えばそれを４６００円と見込むと、資本家（経営者）の手元に５０００円が残ることになる。これが労働者の剰余労働、剰余価値、利潤に転化したものである。労働者は、１日働いて帰宅途中に一杯飲んで満足する。

また、商品としてのハンカチは必ず売れるとは限らない。そのことを佐藤優氏は『いま生きる「資本論」』の「商品は貨幣を愛する」のなかで、「カネがあればいつでも商品になるけれども、商品があっても必ずしもカネになるとはかぎらない、とマルクスは言います。」と書いている。さらに続けて、「商品は貨幣を愛する。」「商品がいくら貨幣に熱をあげても、しばしば商品の片思いに終わるものだ、というわけです。商品が貨幣に代わることは、いつだって命がけの飛躍、とんぼ返りみたいなものだ、ともマルクスは指摘しています。」というように、商品は貨幣に失恋することもあると留意しておかばければならないであろう。

1時間にハンカチを2枚生産する労働力を、私は「健常者の平均的労働能力」といい、マルクスは、これを、「社会的平均労働量」とした。ここで一言付言しておけば、マルクスのこの「社会的平均労働量」も、『資本論』においては、織物職人が一時間に上着を一着生産するのに対して、蒸気織機の機械によって一時間に二着の上着を生産することとなって、したがって誰もが労働者として一般的に労働することが可能になったのでもある。機械的生産によって、それまでの熟練労働は単純労働にもなりうるのである。なおこれに対して、重度の障害者は、1時間に一枚かそれ以下のハンカチしか作れない現実がある。すなわち搾取の対象にすらならない。自らの労働力を商品として売ることができない、雇われない。

この状態、事実を自然現象とみるか、経済現象とみるか。自然現象と見るならば、能力の低い重度の障害者が雇われないのは「能力」の問題に帰する。しかし経済学としては重度の障害者の「能力」は「健常者の平均的労働能力」「社会的平均労働量」、すなわち1時間にハンカチを２枚生産する労働力に原因を求める。「能力」がないから雇われないのではなく、労働力商品になれないから雇われないのである。雇用労働、賃金労働、労働市場、資本主義的商品市場経済が原因である。

能力が低いことが障害ではない。それを雇わない「労働力商品」を半人前として障害化するのである。したがってその解決のための試金石は、すなわち「同一労働、同一賃金」でもない、共生・共働は「同一労働時間、同一賃金（分配金）」であり、労働と労働の等価交換でもない、人間的な実質的労働の不等価交換である。

要するに繰り返して言えば、能力が低いことが障害ではない。能力が低いためにその障害者が働くことができないという労働力商品の経済構造にこそ問題の所在があるのである。にもかかわらず、能力が低いために働けないとする「能力」を個人固有の障害と決めつけ、したがってその結果福祉や社会保障の充実、あるいは雇用政策のみにもっぱら問題の所在の解決のすべてを求めて、その言論や本質論には目を向けようとはしない。あいかわらず政策を本質論にすりかえてしまう。それによりその能力を高めるための教育や訓練、それを権利として保障するという「発達保障論」にその問題の解決を求めようとするものであって、結局、言論やその本質論からは逸脱してしまうこととなる。もちろん現実政策においては当然さまざまな政策がとられなければならないのは言うまでもないが、しかしそれはやはり言論でも本質論でもない。いわばそれは、国・行政が障害者の発達を保障すべきとする公的責任論であり、またすべてを

「発達保障論」に還元させてしまうことになるのであるが、それはいかがなものであろうか。

発達のためには、健常児から障害児だけを分離して一ヶ所に集めた場(空間)のほうがより発達するという、日本共産党系の全国障害者問題研究会の「発達保障論」。とどのつまり、障害者の労働問題も権利保障の観点から福祉や社会保障の充実、そしてさらにそれを雇用政策の対象としてしか理解しようとはせず、科学としての経済学『資本論』の対象にはしないのである。要するに、言論や本質論においても経済学『資本論』にまでそれを高めようとはしない。いやむしろそれさえもなく、ひたすら障害者の労働問題を福祉や雇用の政策の対象としてしか理解できず、その限界を認識することなく経済外的外部からそれを保障しようとするのが精一杯というところである。その結果、国・行政を批判して制度政策の要求運動に留まらざるを得ないこととなる。そこには決してオルタナティブなもう一つの創造性というものも存在しない。資本主義の延長線上をみるだけである。

[五] 立場と関係性、役割労働

(1)重度脳性マヒ者AとA´

重度脳性マヒ者Aは、レストランのウェイターとして働いていた。働いていたと言っても、せいぜい電動車いすに備え付けたトレイにD水やドリンクを載せて客に運ぶ程度であった。それが彼の仕事であった。一方、別のウェイトレスはいろいろな品物を手際よく運び、忙しく走り回っていた。二人の給料はほぼ同じ。当然ウェイトレスはAに対して不満を持っていた。経営者に抗議をし、賃金に差をつけAに支払う分の一部を自分に渡すよう要求した。

次にA´の場合はどうなるのだろうか。

A´は、電動車いすに備え付けたトレイに水やドリンクを載せて客に運ぶ程度であった。それが彼の店での仕事であった。一方、ウェイトレスはいろいろな品物を手際よく運び、忙しく走り回っていた。ウェイトレスはもう少し給料が上がればと期待しながらもA´には不満をもっていなかった。なぜなら、A´はレストランの経営者、オーナーである。レストランの所有者はだれか。労働は誰のものか。

Aは雇用労働者、A´は経営者・オーナーであり、Aとウェイトレスは同僚、A´とウェイトレスは雇用関係という立場の相違がある。

ウェイトレスはAに対して不満を持つが、A´にはそれがない。その違いは何か。レストラン内でのAとA´は同じ仕事しかしない。このように、立場と関係、またレストランという生産手段を誰が、どのような形態で所有しているかの所有論の問題にも深くかかわってくる。

次に東田直樹著『風になる』（ビッグイシュー日本）を取り上げたい。この本は重度自閉症のメルヘンの世界を詩的、哲学的に描いたようなもので、彼の経験がまるで詩のように私に語りかけてくる。その中の「働く、あなたは必要な人と認めてもらうこと」を引用しよう。

(2)働く、あなたは必要な人と認めてもらうこと

働くことは、自分の存在意義を認めてもらうことだと感じています。あなたは必要な人だと、誰かに言ってもらうことなのでしょう。

障害者はみんなのように働けないから遊んでいる、と思っている人がいるのを僕は知っています。何もしないでいることや自分が必要とされていないのが、どんなに寂しく悲しいことか、わかってもらえないのでしょう。

働くことは本当に大変だろうし、たくさんの苦労があると思います。毎日必死で働いている姿は、とても立派です。そのような人たちのおかげで、僕の生活も成り立っています。僕は働いている人が、うらやましいです。社会の一員として世の中の役に立ち、自分の力で生きている人を尊敬しています。

働かなくても生活できるなら、それでいいのではないかと思う人もいるかもしれません。どうして働きたいと思うのか。それは、働けるのに働かないのと、働けないのとは、まったく違うからではないでしょうか。たとえ障害者であっても、みんなのように働きたいと考えています。なぜなら、働くことは、誰にとっても尊いことだからです。

働けない障害者もただ遊んでいるわけではありません。いつも自分と向き合い、毎日を一所懸命に生きています。

障害者にとって、自分ほど当てにならないものはないのです。みんなが当たり前にやっていることに時間がかかったり、普通の人には考えられない問題で悩んでいたりします。自分自身が情けないと思うし、落ち込みます。挽回するチャンスも少ないので、いつまでもそのことから逃げられないのです。

見た目では人の心の中はわかりません。

仕事と向き合うのとおなじように、自分自身と向き合うのは苦しいことです。

次に、労働に関する私の文章を読んでいただきたい。その考えは同じである。

(3) 労苦と労働を越えて（未来経済学ノート）

共同連が労働を通じたソーシャルインクルージョン（社会的包摂）を強調すると、「人は働かなくてもいい。働くことがすべてではない。自分らしく生きることが大切」と反論する人がいる。確かにそうかもしれない。しかし人は霞を食っては生きていけない。また、その真意は、働ける者だけが一人前で働けない者は半人前という世間一般の常識に対するアンチテーゼでもあるかもしれない。それも然りである。働けない者が人間として劣っているわけではない。自己実現には多様な選択がある。
しかし一見、この悟りともいえる実存主義的な哲学とは一体何であろうか。小林秀雄が書いていたが、今の若い者は世の中を捨てたというが実は世の中に捨てられているのだ、と。

労働の権利を保障できない国は、それに代えて生存権保障としての最低所得保障制度の措置を講じなければならない。しかしその根底には、国や世間はそもそもそれらの人に対して自然的生物学的に「働けないもしくは劣っている」という認識があり、だからといってそれをそのまま放置しておけないから、その前提に立って、新自由主義者は「温情主義」の立場をとり、福祉国家論者は「連帯主義」の公的責任論の立場をとる。いずれにしても、公的扶助（生活保護）は「劣等処遇の原則」に基づき、スティグマは免れえない。だから世間は、「あの人たち」と表現する。マルチン・ブーバーの哲学を想起させる。社会保障論を信じるか、もしくは世間を疑うかでしかない。

未来経済学の立場に踏み込めば、人間は、労苦からの解放と労働する解放を同時に獲得する。労苦は、『モダンタイムス』のチャップリンのベルトコンベヤーに座る姿、大手T自動車会社の下請け会社ではベルトコンベヤーから離れたトイレの時間のカウント、第三セクターの会社では脊損の労働者がトイレにいかなくてもすむためのベルトコンベヤーの効率化。このようにブラック企業だけが労苦ではない。一方、自己実現としての「共働」の人間的労働がわずかにある、その「共働」といえども、労働時間の短縮は当然である。

労働力商品という特殊な商品は他の商品と違って、工場の中では生産されない。それは消費生活においてである。工場で消費される労働力は、安全安心のアメニティの生活の中から生産され、安全安心のアメニティの工場で消費される。両者はアメニティにおいてこそ実現されなければならない。それが、労苦からの解放と労働する解放の同一性である。

人間は、自然法則を変えることはできず利用するだけで、一方、経済法則は恣意的には変えられないものの自然法則と違って変えることはできる。それゆえ、労働力商品の「価値法則」を総括することはできる。未来経済学においては、朝に釣りをし夕べには狩りをするというまでには至らないまでも、すべての人に職業選択が限りなく可能になれば、重度の障害者もそれにしたがってみな、自己実現としての人間的労働を通じた豊かな生活を営むことができる。

最後の「朝に釣りをし、夕べには狩りをし」という文言は、マルクス、エンゲルス著の『ドイツ・イデオロギー』の一節を念頭に書いたものであるが、廣松渉によればこれはエンゲルスの文章であるが、それがいささか夢物語でもあるにせよ、このように職業選択の自由はきわめて重要な意味をもつ。１９７９年に共著『障害者と職業選択』（三一書房）で、私は、労働力商品化の止揚により健常者の平均的労働能力が超克されて、一般的にだれもが職業選択の自由度を高め、それによって重度の障害者も同時に労働する機会が保障されることを不十分ながらも明らかにしたつもりである。

すべての人間が職業選択の自由を全面的に獲得し、それが社会的に保障されれば誰もが未熟、不慣れな状態でも、好みに合った仕事に就くことができる、という世界は、重度の障害者にもそのレベルで働くことが可能だということになる。

『ウィリアム・モリスのマルクス主義』には、財産の相続とともに、賃労働の制度が廃止され、その上でモリスは、労働の喜びの復権の下での、職業選択の自由を強調しています。「漠然とした原子の時代から、初期の歴史的に未開な時代に脱け出て、我々は労働における喜びを体得する。それは新鮮な刺激を伴い、十分に必要性のある職業に我々を導く。こうした、必要な労働の楽しみへの転換から、一定の芸術が最終的に誕生するのである」。労働の喜びの表現は、労働の芸術化に集約されています。

次に、『障害者と職業選択』の中から私の詩を紹介します。

新聞を破ろう——私が出会った少年、H君へ——

眼を細めて
「精薄児」と呼ばれても
少年はきっと
彼らを
「超人」とも「賢者」ともよばないだろう

少年は新聞を破ることが好きな
「精薄児」ではない
少年は新聞を破ることが好きな
「超人」ではない
少年は新聞を破ることが好きな
少年である
新聞は
印刷されて
配達されて
読まれて
破られて
一生を終える
新聞は「超人」も「精薄児」も意識しない

少年よ
きみが好きな
新聞を破ることは

職業ではない
けれども少年よ
それを職業に変えることはできる！
もし彼らが「超人」で「賢者」であるなら

だから少年よ
それまで
彼らが成長するまで
新聞を破いていよう

この詩は、私が養護学校のスクールバスの添乗員をしていた時に出会った、重度の知的と身体の重複障害を持つ中学部2年のH君について書いたものである。H君は新聞を破るのが大好きで、将来それが仕事になればと願望して書いた詩である。ところが驚いたことに、実際に、アメリカの地方都市で紙を切るのが大好きな障害者がいて、コミュニティマガジンの残部処理に彼が寄与しているというのである。鋏でそれを切って賃金を得ているという話を数年前に聞き感激したことを覚えている。

また、２０１３年11月に台北市で開かれた第４回東アジア障害者交流大会（韓国、中国、フィリピン、ベトナム、台湾そして日本の６か国）では、台湾の財団法人勝利台北心障礙潜能發展中心と事前に交流し、その財団は多くの仕事起こしをして庇護工場や社会的企業を経営している。中でもファミリーマートを４軒経営していて、そのうちの１軒に新北市のファミリーマートがある。

そこでは16人が働き、９人が障害者で７人がそうでない人。障害のない人だけが深夜も働き、障害者はその深夜業務は免除されている。９人の障害者のうち品物の運搬や品ぞろえは知的、精神障害者が行い、レジは身体または聴覚障害者が行うという仕事の役割分担をしていた。

この程度なら私もさほど驚きはしない。ところが店の中に入ったとたん、女性が入り口に立って大きな声で何かを言ってきた。中国語なので何を言っているかわからなかったが、それは接客挨拶であった。彼女は中度の知的障害を持つ従業員である。

このような働き方のケースで私が何よりも強調したいのは二つ。一つはそれぞれの人に合った「役割労働」であり、全体の組織的仕事を細分化して、その人に合った仕事に再構成して作り出すということである。仕事に障害者を合わせるのではなく、障害者に仕事を合わせるということである。

二つ目は、利潤を追求した民間営利企業ではできないこと、つまり入り口で客相手に一人を配置することがどれほどの売り上げにつながるかわからないが、一人の仕事を確保するために彼女を従業員として受け入れたことである。非営利の社会目的を持った企業であればこそ可能なのである。

いずれにせよ、労働力商品の廃絶とその止揚を原理とした共生・共働の社会は、なにも労働分野に限定されたものではない。互酬性、相互扶助、連帯の経済は、開かれた共同体思想に支えられた豊かな「共民社会」、障害者が一人の解放された人間になる社会なのである。

第2章　若者たちがいかに反応をしたか

＊本章は、立教大学の授業、北星学園大学の自主講座、大阪での研修で提出された感想文を、見出しに即してそれぞれの文章からピックアップして再構成したものである。

〔一〕　障害ないしは障害者とは？

①学生時代に学んだ福祉とはかなり違った発想です。国際生活機能分類など、たしかに医学モデルから社会モデルに大きく転換しましたが、堀さんのように経済学や労働力商品という観点からの見方には大変驚かされました。その点で、社会が「人」を障害化するという視点は画期的だと思います。

なるほど、資本主義をどうみるかは人によって違うと思いますが、そのような視点から「障害」を分析するのも意義あることと考えました。イギリスのオリバーも、障害学の分野で同様の見解をもっていると思います。

日々、福祉職場で働いている私にとっては、以上のような視点を現実的にどう生かすかが課題になります。また、きいちゃんの話では「あなたも披露宴の客」でありえたのではという立場性にもハッとさせられました。福祉職の立場だけでなく、社会的人間関係から問い直すことを考えさせられました。いい研修になりました。

②「仕事が障害者を合わせるのではなく、障害者に仕事を合わせる」という考えは、現状の社会では生まれることはないだろうと感じた。なぜなら、社会の中での障害者問題が〝なぜ〟起こっているのかを考えるとき、障害者の「能力」が原因となることが無意識の内に固定化されているからだ。正直、このように社会にこびりついた固定概念をどのように変えていけばよいのか、具体的な案が思い浮かばない。これもまた大きな課題であると感じた。

③社会が人を障害化する。それは実際に私も思うことである。

この現代社会は、健常者と障害者が平等に、共に生きられる社会ではないと思う。まず、社会システムや教育システムが健常者と障害者を分け隔てているのではないか。特別支援学級などの地域の缶詰と呼ばれるところがあるから障害者は異邦人と仕立て上げられてしまう。しかし、障害者と健常者と共に生きづらくしている最もの原因は、自分たち人間なのではないかと私は考える。つい最近までは、多くの人の考えは、障害者は、障害者施設に入るべきという固定概念があるのは間違いないと思う。このような固定観念があるから、障害者がこの社会で生きづらくなってしまうのではないか。

④「社会が『人』を障害化する」という意見に、私も同感である。似たような考え方を千葉市長熊谷俊人氏のＳＮＳ上で見たことがある。千葉市長は、ＳＮＳ上で「障害者」と表記したことに対して、市民から「障害者が『害』だというのか。
『しょうがい』の方が適切なのではないか。」と指摘を受けていた。それに対して市長は、「障害者の『障害』は、彼らではなく社会にあるものであり、障害者というものは『社会から障害を被っている者』であるので、私は『障害者』という表記を使います。」と答えていた。一般的には「障害者」は「障害を有する者」として定義されているので定義として現在使用することに関しては理解されるのが難しいことであるが、このような考え方を市長が持っているというのは素晴らしいことである。そもそも、私たちは「障害者」の定義から見直すべきではないのかと考える。「障害者」の定義づけの段階から、私たちの当事者意識が薄くなってしまう要素がある。

⑤大学では福祉学科を専攻してきて、今は、それとはまったく関係のない分野の仕事についているが、私がこれまで学んできた障害福祉とはかなり違った視点があった。「障害」は障害者自身の問題で、それを行政や社会が支援する権利保障と考えていた。でも、「社会が『人』を障害化する」にふれ、私の考え方は変わった。社会がその原因であり、障害を社会概念と捉えることである。しかも、その本質が労働力商品という経済に原因があるとすることに、私自身

特に驚かされた。

⑥〝障害者は特別な存在である〟という考えが、今日の社会に根付いてしまっている。社会に存在する様々な価値観や常識の中で障害者が快適に暮らしを営めるように、という考えの下で福祉制度の発展が日々追求されている。

「能力が低いことが障害ではあない。」というところに感銘を受けた。能力が低いために働くことができない、という考えは本質から目を背けているのであり、逃げの姿勢であるのだ。私は、障害者は能力が低いから働くことができない、そしてそのハンディキャップを埋め合わせるための〝支援〟を社会が保障することが求められ、福祉サービスの充実という考えに至る、という思考プロセスが至極当たり前のように社会の中に〝無意識的に〟植え付けられている、ということが大きな問題であるのではないかと感じた。人々は障害者に対して、上記のような思考プロセスの下、福祉サービスの充実を図ることが最も重要であり、そう考えることが〝正しい〟と感じている。しかし、それは表面的な解決策にすぎない。勿論、福祉サービスの充実を図ることは非常に重要なことだ。しかし、それが全てではない。〝社会〟のあり方、という根本に目を向けなければならないのだ。

⑦私がまず一番に考えされられて衝撃だったのが、社会が人を障害化している、すなわち自分

自身も意識せずとも社会的に排除する側の人間になりかねない、もしくはなっているかもしれないという事実だ。私自身、障害を持つ人に対して何か差別的な感情や行動は持っていないつもりだったし、支援というかたちよりも共に生きるという社会が理想だとも考えていたけれど、そもそもの話にはなるが、自分自身が彼らを障害者としてどこかに差別的かつ上からな見方をしているのではと感じ、自らの自覚のなさと考えの甘さにふと怖さを感じた。実際に言われてみれば、障害の定義を勝手に生み出したのも私たち人間自身であるし、「社会的『価値と関係』が障害の原因であり、障害を成立させる」というのはまさにその通りだとはっとさせられた。そして私を含めた多くの人がその事実に気づかずに現代の社会が構成され、生まれながらに人と違う部分があったり、マイノリティであったりする人々が必然的に社会的弱者として捉えられ、まるでかわいそうな人という見方が当然ともいえるようなこの現状に対して、問題があると感じざるをえない。確かに労働の面などでいえば、物理的な問題や能力の面でハンディキャップがあれば、いわゆる健常者と同じようにといかないなどのどうしようもない事実はあると思うが、「できない」などのマイナスな面に焦点を向けるのではなく、一人の人として何ができるのか、何が得意なのかなど、ポジティブな面に目を向ける「共同体思想」の自覚を一人ひとり持つことでより良い社会が実現するのではないかと考えさせられた。

⑧「人間関係が障害をつくる」というなかの、きいちゃんという女の子の話が印象的であった。

この話にふれて、涙もろい私は目頭が熱くなった。しかし、そのあとの「しかし、ただ感動で終わってよいのか」という提起により、私の潤んでいた目は一瞬にして乾いた。障害者の家族の葛藤や家族の心のすれ違いなどが、お姉さんの結婚式ときいちゃんの一生懸命なプレゼントによってお互いに歩み寄るきっかけになったと感じて心動かされていたが、講師がこの話を通して私たちに投げかけているのは、「この現実の物語性をそもそも成り立たせている背景、その客観的諸条件とはいったい何であるか」ということだったのだとわかった時、私のこのきいちゃんの話に対する見方が変わった。たしかに、世間一般として生まれてから育ち、学びながら社会に出ていく中で、障害がある人とない人で区別され、分け隔てられているからこそ、きいちゃんの話は起きたのであって、もし、社会が人を障害の有無で分け隔てることなく皆が平等に生きられるのであれば、きいちゃんは何も憂うことなく最初からお姉さんの結婚式に出られていたのだ。この分け隔てられた空間や社会が今日の障害者差別へとつながっているのであり、話の中で何度も口にしていたように、差別を無くすためには、障害の有無に関わらず、全ての人間が分け隔てられることなく同じ教育や就労の機会が得られるようにすることが必要なのであると私も思う。

また、「感動した『あなた』も、実は母親が懸念していたきいちゃんを披露宴に出させないようにさせてしまった存在、すなわち披露宴の『客』でありえたのではないか」という問いかけは、今後福祉職を目指す私にとって忘れられないものになるだろう。〝感動する〟ということ自体は何も悪いことではないだろうが、この〝感動する〟という行為の中にどのような意味合いが含まれているのか、その背景にも焦点を当てられるような、広い視野を持った支援者になりたい。

⑨社会が人を障害化する現象にとても興味を持った。「障害者と健常者が双方に分断された『空間』がある人間関係のもとに『障害化』される」という主張は、まさにそうであると思った。健常者という言葉があるから、障害者と呼ばれる人がいるわけであって、元はみな人間というくくりでは同じであり、相違はないはずだ。そして、きいちゃんという女の子が出てくる話はどこか他人事のように感じてしまうところがあった。私はいわゆる「健常者」であり、私の周りに「障害者」と呼ばれる人は身近にはおらず、そのような人と触れ合うことのない人生を送ってきた。そのため、披露宴に来ている客という第三者と自分を重ねたからである。自分がきいちゃんだったらとか、自分がきいちゃんの姉だったらとかではなく、自分が客だったらどう感じるかを考えた。「自分自身も、気づかないうちに社会的に排除する側の一員であったのかもしれないということ」に当てはまると思った。私と同様の「健常者」と呼ばれる人の多くは、客の立場に大いになり得る可能性がある。むしろ、客の立場の人がこの世界の大多数だから、障害者が特別視される世の中になるのだと思った。

また、「支援」から「共に」というところも興味を持った。これは障害者福祉のみではなく、復興支援の立場でも同じことが言える。何かを「してあげる」という関係性を作るのではなく、一緒に楽しんだり、話したりするだけでも支援につながるため、障害者福祉も、障害を持つ人を助けるという事ではなく、障害を気にせず共生していく社会を作り上げる事が先決であると思った。

⑩私が改めて認識したことは、やはり、障害者を障害者たらしめているのは社会であるということだ。

私は時々、「障害者とはどこからどこまでが障害者なのだろうか」と考えることがある。聴覚障害者は普通の人が聞こえるレベルの音が聞こえない、視覚障害者は普通の人が見えるものが見えない。普通の人が「一〇〇」と捉える値を、「二〇」と捉える人は障害者、「五〇」と捉える人も障害者。「九〇」と捉える人は単なる「馬鹿」だろうか。つまり、何か人間の能力を数値化した時、その平均数値を大きく下回る人間を「障害者」と呼んでいるのだろう。しかし、その数値をグラフにしたものを見た時でも、彼らはきっとこういう考えはしない。「自分たちもその障害者の延長上に存在している」と。すなわち、年と取れば目が見えなくなり、耳が聞こえなくなり、滑舌も悪くなる。知的機能もやがて衰えていく。彼らが「いらないもの」としたその存在に、自らも段々と変化をとげるのである。しかし、自分が「いらないもの」となった時、誰かが助けてくれるだろうか。助けてもらえる資格があると言えるのは、誰かを「いらないもの」扱いしなかった人間だけではないだろうか。ただ目の前の利益が欲しいために、誰かを排除してしまう精神というのは、やがては孤独になる運命に紐づけてしまう、哀れな心の持ち様と言える。

⑪私は、教育課程を履修しているので大学3年次に某特別支援学校の実習に行った。学校という小さな社会は、障がいのある生徒の気持ちになって生活することが目的ではなく、健常者の生徒と同じように他の生徒と生活していき自分らしさを育む場である。特別支援学校には行きたくて行っているわけではないという子もいる。そうせざるをえなかったのは、障害があることで周りの生徒に迷惑をかけてしまうという本人の意思とは別に親や先生という他人の意思が含まれている。本人はそんなことを望んでいない。そもそも障害があるということで違う枠組みは、人間が作り出したものである。この文中にも「能力が低いことが障害ではない。能力が低いためにその障害者が働くことができないという労働力商品の経済構造にこそ問題の所在があるのである。」という、人は皆平等に生まれてきているにも関わらず、経済構造の問題や社会の別枠組みとして位置づけられている。では、どうしたらこの社会構造と人間の価値の違いが埋められるか。根本的に埋めるには、相当の費用と時間がかかり、多くの人々の助けが必要である。

⑫アルバイト先のカフェで、お店がダウン症の人をチャレンジパートナーとして雇って一緒に働いていた。基本的な役割は皿洗いやグッズ交換の準備などの裏仕事だったが、給与体系やシフトは私たちと変わらず、一緒に働いていた。私は最初どのように接していいのかわからなかった。なぜなら、それまで障害を持った人と関わることも出会うこともなかったからである。しかし、彼女の方から自己紹介をして気さくに話しかけてくれたり、彼女の屈託ない笑顔に癒されたりなど、私自身救われることが多かった。自分が先入観や偏見を抱いて壁を置いていただけで私の理解が足りなかったのだと恥ずかしくなった。人それぞれ強みや弱み、長所や短所、得手や不得手がある中で、障害も一つの個性として受け入れていくべきではないかと感じた。また、この経験から私がチャレンジパートナーとの人と出会うまで障害を持った人との関わりがなかったということは私だけでなく多くの人がそうであると思うし、反対に障害を持った人も障害を持った人の世界の中で生きているということになる。これは今や社会一般で当たり前のことであるが、これがまさに〝社会が「人」を障害化する〟現状なのではないか。

⑬障害は、果たして多数の人々と異なることから生じた個人の問題であろうか。だからそのために克服しなければならない対象であろうか。

男性は青色が好きで勇敢でお金を稼がなければならない、女性は赤い色が好きでおとなしくて家事ができなければならないというジェンダー的な区分はセックスとは何の因果関係をもたない。つまり、家父長的な抑圧によって社会的に構成されたものといえる。損傷と障害の関係も同じである。損傷は損傷なだけであり、特定の抑圧の関係の中でのみ「何かできない状態」としての障害になるのである。このような脈絡で障害者は障害者であるため差別を受けるものというよりは、差別を受けるため障害者になると言える。

アメリカのニューイングランド海岸のマーサズ・ヴィニヤード島の住民は音声言語と手話といった二つの言語を使用する。この地域は、聾遺伝子が著しい集団内での結婚を繰り返したことによって、代々に聾者人口の比率が比較的高かった。もちろん全体的にみると聾者と健常者の割合は一対一五五程度で、数的には聾者が少数者である。しかし、この社会で聾者は決して特別な存在として扱われていない。マーサズ・ヴィニヤード島の事例は、障害とは、決して個人の問題でも、克服しなければならない対象でもないことを表している。つまり、ある社会が聾者に対して一方的な適応を強要する場合、彼らは「障碍者」になるが、音声言語と聾文化が融合した場合、彼らは決して障害者として認識されないのである。（注：興味深い事例なので文献をここに紹介すると、ノーラ・Ｅ・グロース著『みんなが手話で話した島』（築地書館）――堀）

⑭もうひとつ目についたのは台湾の新北市のファミリーマートの話だ。この話を知って、日本は遅れていると痛感した。障害者が接客の部分を任せられているというのは素直に驚いた。なぜ驚いたかというと、これが実行されているということは客の側にも理解がなければ成り立た

ない話だからだ。客も障害者がいて当たり前の日常に慣れきっているというわけだ。これは素晴らしいことである。日本においてこれは可能だろうか。私はまだ難しいと考える。やはり日本人はある意味外国人にもいえるかもしれないが、障害者に対して壁を作っている。そもそも売り上げに直結しないため、経営側が拒むだろう。こういったことを考えるとやはり障害に関する考えの基盤が根付いていないことが浮き彫りになる。日本にも非営利の活動を先導する企業が現れればこの状況も変わっていくのかもしれない。少しずつでも今より障害者が暮らしやすい社会になるように私は祈っている。

⑮障害があるということは、いわば自然的な事象であって、「障害」という言葉が持つ実際的な意味を作り上げているのは、社会が持つある種の価値観であると考えられる。つまり、「障害」と聞いた時に、もしも能力が低いとか、支援が必要だとかいうことを想起するのであれば、それは既に差別であり、偏見である。また、「障害」という言葉を聞いただけで、その人がどのような人かを知りもしないのに、劣っているなどときめつけるのは愚かなことである。例えば知的障害がある人に対して、知的能力という基準でその人を判断すること自体が誤りである。人間は全て独立した個人であり、人間が他の人間をいかなる基準によっても判断することは出来ない、そして、そのようなことは許されないのである。

そして、これは「障害」に限定されるものではなく、現代社会においては全ての人が社会によって相対的にカテゴリー分けされており、それがあらゆる差別や偏見を生み出していると考えられる。例えば、女性には管理職は務まらないという偏見は、女性という自然の性別に対して、女性は男性に比べて労働能力が劣るというネガティブな意味付けが加えられていると言える。平等を目指す法律をいくら整備したところで、やはり、自然的な属性に社会的に付け加えられる偏見を排除しなければ実際の社会生活では全く変化をもたらさないと考えられる。

カントは「汝の人格ならびに他のあらゆる人の人格における人間性を常に同時に目的として取り扱い、決して単に手段としてのみ取り扱わないように行為せよ」と述べたが、現代の資本主義においてはこれが困難になっている。イギリスにおいて、生産手段を有して自活していた農民が囲い込みによって自らの仕事を奪われて都市へと移動し、工場労働者となったその時代から、人間は商品としての労働力として扱われ、人間性が疎外される事態となったのである。

人間性の疎外に関連して、私は健常者に対する障害者という呼称自体に大変な抵抗感があるが、それは「障害」という言葉に既にネガティブなイメージが内包されているからであると考えられる。そして、国民に対して「外国人」、若者に対して「高齢者」など、社会によってネガティブな意味を付け加えられている言葉が他にも存在しており、それらの分類は何らかの差別や偏見の源泉になっていると言える。

⑯以前は障害をモデルとしてとらえて、それだけで社会的不利な立場になってしまうといった

いわゆる国際障害分類が影を潜め、障害をかかえた人も積極的に社会に活動参加してもらうようにといった考え方の国際生活機能分類へと変化していった。

まず私がこの文を読んだときにちょうど授業でこういったことを学んでおり、このことを連想した。人々が障害を抱えている人たちに対してプラスの面から考えていけるように定義したものは必要であると思う。

だがこの世の中においてそういった人たちが実際にそう生きていけるかどうかと言われるとそうではないと思われる。きいちゃんの話が出てきたときにやはり痛感してしまった。お母さんは、お姉さんの結婚式の際にいつも目に入れても痛くないほどかわいがっていたきいちゃんが手足が不自由なことを理由に出席してほしくないと言ってしまったのである。文章にもあったが、私も同様、お母さんが気をつかってお姉さんのためにお願いした事なのであろうが、この時点で差別化してしまっていると思っている。私たちは障害を抱えている子供たちはそういった子たちが通うような特別な学校に通ったり、要はここでのきいちゃんのように障害を抱えているからといって無意識に自分たちとは違った存在、つまり「異邦人」のようにあつかってしまうのである。正直なところ私自身もそうしてしまう。もしくは気づかないうちに社会的に排除している一員になってしまっている可能性もある。また、労働の場においても障害を抱えているから能力がないとあったが、そういったことこそがまさに社会が「人」を障害化していると感じた。

〔二〕　経済社会の関係は？

⑰「社会が人を障害化する」ということについて、私も大いに同意できる。だが、実際私の職場のことを考えたとき、それは残念ながら非現実であるように思える。資本主義の経済にかなり問題があると思うが、はたしてすべてを資本主義経済にその原因を求めることができるであろうかということだ。資本主義でなくなれば、問題がすべて解決するということには疑問が残る。つまり、どこまでが資本主義経済の問題なのか、どこからが「能力」の問題を解決可能にするのか、現実の労働現場に照らして考えるとやはり難しい。だから、社会からの保障も不可欠ではないだろうか。

⑱社会が「障害者」を障害者にしている。その根源的なものとして資本主義経済の労働力を商品として扱う仕組みだということだ。しかし、日本が資本主義経済で発展したことは間違いない。その資本主義経済から違った経済にすることは不可能に近い。そのために根本である資本主義を変えるのではなく、この経済の中でどのように障害者が働くことができる仕組みにするのかが重要だ。「商品が貨幣に片思いで終わることがある」とあるが、まさにこれは労働力を商品にし、資本家がその労働力を買う現在の仕組みに障害者が働くことができない状態を示している。障害者は労働力という商品を資本家に売りたいがそれが叶わず片思いで終わってし

まっている。この状況を変えるためには障害者の労働力を健常者と同じになる職場を探すことではない。「アメリカの地方都市」のようにそれぞれの得意分野での労働を探すことだ。また、台湾のファミリーマートにてドア付近で接客用語だけをいうことで仕事にしている者もいる。そういったような仕事を作り出すことも必要になる。

ただ、これは営利企業ではなかなかできるものではない。ドア付近で立っていることで売り上げに貢献しているのかがわからない。非営利の社会的企業であるからできることだ。

では、どうすれば営利企業でも障害者が働くことができるのだろうか。それはまず、社会が障害者をつくらないことだ。社会が障害を持っている人に対して働けないと決めつけ障害者にしている。そうではなく障害があるが何かできることはないか企業が探すことが必要だ。

また、日本の社会的企業の広がりだ。隣の韓国では社会的企業もあって身近な存在である。日本においても社会的企業を広めることで障害者が働くことができる場、得意分野で活躍することができる場を提供することができる。

これらのことをするためにも政府、行政が制度の見直しや雇用政策を行うのではなく、民間の我々から始め、そこから行政に対して求めていくべきだと考える。

⑲「能力がないから雇われないのではなく、労働力商品になれないから雇われないのである。」、つまり経済構造が人を障害化するといった構造を指摘したことに対しては、自分の思考の単純

さを思い知った。現実的であるかどうかは別にして、「資本論」の観点から障がいや福祉にアクセスすることに関しては賛成である。今の日本の経済の仕組み上はより早く長くタフに働ける人が重宝される。仕組み上残業は減りにくく、社会全体の労働は健全であるとは言いがたい。しかし一方では、この仕組みこそが若いうちから勤勉な人間を育成すると思う。グローバルに比較した時に経済の成長を保つにはこの仕組みが一役買っていると思う。この仕組みを崩すことなく日本の資本主義体制に一喝を入れる方法が私にはわからない。結果としてとりあえず『資本論』とは異なるステージでの検討をしているのが日本の現状であると思う。

⑳近・現代から続く資本主義に変革が必要だと考えた。

人を労働力として商品化し生産力の高い労働力商品に需要がある。それに対し、生産性が平均以下の労働力商品つまりは重度の障害者には労働者市場がない厳しい現状なのだ。実際、健常者は時給制に対し障害者には歩合制を適用している企業もある。例えば、川越のとある農家では、農作物を袋詰めにした数に応じて給料を払う歩合制で障害者を雇用している。確かに生産能力は健常者の方が長けているかもしれない。だが生物学的には人間であるはずだが、雇用条件で健常者と障害者を社会的に差別し障害者の人権を軽んじている。この国は福祉国家を掲げているが、経済システムを変えない限り欺瞞で終わってしまう。

資本主義経済のシステムを変革する必要があると考えていたが、国家主導では現実的には不可能に近いのかもしれない。現在の世界経済はますますグローバル化しており、ある国がシステムを変えると世界中に影響が及ぶのだ。仮に成功すれば、資本主義の新たな段階へ歩むことができると推測できる。しかし、失敗により多大な経済損失を出すと、その影響が世界経済を襲い世界恐慌やリーマン・ショックの再来は避けられない。

㉑正直、とても考えさせられた。この話を読むと、そもそも私が大学で学んでいたこと自体が間違った方向性への努力であったかもしれないと感じたからだ。私は既に社会が作り出した「障害」を受け入れ、そこを改善すること、より良くすることが大切で求められていると考えていた。しかし、話を読んで今ある福祉への政策等がそもそもスタート地点から間違っていたかもしれないと思った。障害者の価値というか、能力を決めるのも資本主義の社会である。社会の構造上、資本主義の評価の基準上、どうあがいても今障害者として存在している人たちは障害者のままである。

「能力」が無いから雇われないのではなく、労働力商品になれないから雇われないのである、この言葉が全てだと感じた。今まで、労働力商品の経済構造と福祉を結び付けて考えたことはなかった。しかし、いざ結びつけて考えてしまえばこれは、身体に障害がある人だけの問題ではないと感じた。以前から私は、これだけの人が福祉に対して取り組んでいるのにもかかわらず難航している、成果が著しくないということを感じていた。自分が特に何かしたいわけではないし、そんな偉そうに何かを言える立場ではむろんない。ただ、やはり福祉というものはどこか間違っているんじゃないのか、今の社会に向いていないのではないかと考えてしまっていた。本当に傲慢な考えであったと反省している。自分は、関係がないからそう思えるのだ。自分には障害がないから、どこか別の世界の話のように感じてしまった。

㉒労働力の商品化も「社会が人を障害化させる」原因のひとつだ。労働力の商品化によって健常者の仕事量を一人前と定めその仕事量に満たない人間は半人前とされてしまうようになった。これは、障害を持つ持たないに関係なく仕事が出来るか出来ないかの基準であり、自分に合っている仕事なのかそうでないのかは完全に度外視されている。障害を持っていて労働力はないが新聞を破ることが好きな子の話には胸を打たれた。適材適所という言葉があるように、誰にでも、向いている仕事、そうでない仕事がある。コンビニの話にもあったように、それぞれの性格や個性にあった仕事を与えることができる企業はどれくらいあるだろうか。そのようなスタンスを持つ企業が増えればいいとは思う。しかし、現実問題、コンビニの話での店頭で接客をする女の子のように、利益に直結する仕事ではないかもしれないことも念頭におかなければいけない。社会を変えていくには労働力が商品化されている現状も見つめ直していかなければならないと感じる。

㉓今までに考えたこともない意見がたくさんあったので、面白いと思った。
特に、本来商品にはならないその労働力を商品にしてしまった、という「搾取からの解放と労働力商品の廃止と止揚」のはなしのところでは非常に考えさせられた。長い間資本主義というものが定着してしまい、今さらその主義に関して疑問を感じる人はほとんどいないと思われる。私も大学生の間ずっとアルバイトをして労働をして賃金を稼いでいたが、全く疑問に感じたことはなかった。この一見等価交換のように思われる仕組みは、実際には不等価交換を内在しているというのは納得できるものだと思った。

この資本主義経済の仕組みによって常に利潤を追求することが強いられており、その結果障害を持つ人や高齢者が普通にはたらくことが困難になってしまうという状況が生じてしまうのだと思う。しかし、だからといって今まで使われてきた資本主義の考えを変えることは容易ではないし、もしかしたら不可能なのかもしれない。資本主義によって莫大な利益を得た人が大勢いることも事実だと思うので、資本主義自体が絶対的な悪であるとは思えない。それよりも現状のシステムを利用しつつ、いかに社会に還元できるかを考えていくことも重要なのではないだろうか。
㉔万人に平等な世界にかかせないものといえば、選択権である。自立して満ち足りた生活を営む為には職業選択の自由の実現が不可欠である。自分の能力に左右されながらの仕事を永遠と

するのではなく、たとえ不向きではあっても、好みの職につき周りの協力があってこそ目標を達成できる喜びを味わえる方が良いに決まっている。そういう平等の達成というのは目に見えない財産だからこそ実現するのには時間もかかるし万人の協力があってこそのものであるから難しいが、労働の楽しみを感じる権利は誰もが守られるべきである。職業選択の自由を実現させるべく、まずは能力が低いと考えられている人々が難なく職業選びができるような世の中にしていくため改革をしていかなければならないと強く感じた。

[三]　資本主義経済については？

㉕一つ目は、障害を自然現象とみるかについて、雇用労働、賃金労働、労働市場、資本主義的商品市場経済がその原因と述べていて、「同一労働時間、同一賃金（分配金）」を推奨していました。しかし私はすべての経済圏をこの同一労働時間、同一賃金にする必要はないと思います。つまりこれをあくまで一つのスタイルとすべきだと思います。なぜ全経済圏をこのスタイルにしないほうがいいのかというと、全員が同じ時間を働き、同じだけの賃金を手に入れられるようになると、労働意欲の低下につながると思ったからです。資本主義経済が世界をリードする現在ではしのぎあいや削りあいが新たな道を開拓し、経済を回していると思います。なので、競争は必要と考えます。しかし、同一賃金のメリットはというと、働くということは楽しいん

だと思えることです。働くことに楽しみを感じそれを毎日継続していく。それはいつかその人の生きがいとなって、人生を輝かせます。このサイクルはノルマを意識し一つでも多く商品を売り、一人でも多くの顧客を獲得しようと毎日しのぎを削る現在の経済圏では達成できないものだと思います。なので、全体を考えずとも、同一労働時間、同一賃金のようなシステムが必要であると感じました。

二つ目は、立場と関係性、役割と労働のところでのウェイトレスについてです。なるほどなと思いました。脳性まひの人がオーナーであるとは考えつかなかった自分がいたのは残念でした。固定観念にとらわれていた証拠です。

㉖私は、社会が「人」を障害化する、という内容を知り、そのとおりであると考えました。周りから見れば障害者寄りの視点であると感じられるかもしれませんが、自分はよく「自分は周りに比べて劣っている」ということを考えるせいか、その考え方に異論は持ちませんでした。その一方で、労働の価値、また役割労働という点では全くと言って良いほど共感できませんでした。なぜならば、日本は資本主義社会であり、良い労働にはふさわしい報酬を得ることができなければ、働くもののモチベーションの低下にもつながりますし、なによりそれは資本主義ではなく、共産主義に類されると自分は考えているからです。また、自分の考える資本主義像が絶対的であるという自分の考えが固いということも大きかったです。そのため、自分は労働

においての価値というのは大事にしなければならないと考えました。また、働くことが尊いものである、とは自分は考えていませんでした。働きが尊いならば、なぜ世の中に捨てられて働かずにいようと思う人がふえたりするのでしょうか。私としては、実際働かない人は劣っている、という考え方が根付いていることと、その考え方に自分も飲まれていることに疑問を覚えました。なので、私は、自分が働くことは尊い、という考え方を否定しなければならないという強迫観念に近いものにかられました。しかしながら、働いたときに自分が仕事に見合う報酬がもらえないことを考えると虚しくなるので、労働価値にはふさわしい報酬を払うべきであると考えます。そのため、自分も障害者を作る立場になってしまっていると今回理解し、また私が考える資本主義像とかけ離れているために、自分がその考えを是正する気がないこと、その矛盾に少しばかり悲しみを覚えました。結局のところ、日本において障害者を減らすということは、不平等価値労働を肯定しなければならないということであり、それは自分の考える資本主義像とは真逆であるため、自分自身が認められないこと、日本で障害者を減らすことに自分は貢献できないということが、自分の中で芽生えた私見です。

㉗無知ながらもまず思ったのが、障害者の生活や存在を健常者に押し付けているということだ。主張には「競争にはルールがあり、時にはやむなく強者を規制することもあるがおおむね原則強者のそれであり、そしてそれは独り歩きしてそれに合わない、あるいは従わない者を排除す

る」と先生が言っているが、それのなにがいけないのか。社会はより高みを目指すものである。弱者やそれに従わないなどという自分勝手な人間が原則になったらいつまでも社会は進歩しないし、衰退する一方であると考えられる。私たち健常者からしたら、障害者がいなくても何ら支障なく暮らしていける。障害者がいなくて困ることはないのだ。それなのになぜその弱者に合わせた生活やルールが必要なのか。共同連の進める社会的事業所の基準・ルールも「ます重度の障害者がいて、それでみんなで稼いで分配する」とあるが、それをどの企業もやってしまったらすべてにおける基準が下がり、その企業の業績も下がるだろう。また、ウェイトレスと重度脳性麻痺者A、そして経営者A´の話でも、同じ立場で働いているのに仕事量が明らかにウェイトレスのほうが多く、Aはかなり少ない単調な仕事しかしていない。それに対して不満を持つのは当たり前だ。同じ立場、同じ場所で働いている状況で、ウェイトレスのほうが様々な仕事をこなしているとすればそちらのほうが給料が高いのはどの企業でも普通のことであろう。また。経営者A´には不満を持たないのとの違いは何かとあるが、経営者とウェイトレスという立場の違う人間の給料が違うのは当然のことなので、これに関してAとA´で比べるのは筋違いに感じる。

このように、障害者と健常者では差が出るはずなのにその差を不当とし、無理やり同じ扱いを受けようとしているように感じてしまう。障害者には障害者の、健常者には健常者のできること、需要があるのでそれを無理に同じにして健常者の社会に踏み込んでくるのはお互いにとって良くないことだと思われる。そのあたりのことについてより深い知識をつけ、より住みやすい地域にするには何が必要なのかを考えていきたいと思う。

㉘「障害」を考えるうえで、「社会」は切っても切り離せないものである。現在、世界中の多くの国々は資本主義社会であり、私的所有を基礎とし所有物を自由に処理することが可能で、労働力についても同じことが言える。資本主義社会は、自らの労働を売りその代償として賃金が労働量によって発生し、賃金と労働力は実際には不等価交換であるのに、経済は形式的等価交換で成り立っている。このような社会では、経済活動が促進されるよう自由が保障されている一方で、不平等が生まれる。不平等が発生する原因には、搾取が考えられ、搾取が貧困や格差を生み出しかつそれを助長する。反対に、社会主義体制ならば、平等が保障される。平等性が担保されれば、資本主義よりも貧困や格差が出来にくい。確かに、社会主義は資本主義と比較し、どんな労働量にたいしても賃金は平等に配分されるが、このような状況下では、国家に権限が集中し国家全体での汚職により画一的な社会になる恐れがある。両者には「平等」と「不平等」の明確な違いがあり、平等性を重視するならば、社会主義だと思うが、資本主義においては次のような視点が重要だ。

対価を得るためには、障害者も含めすべての人（資本家は除く）は、労働によって獲得するが、対価を得る以前に発生する不平等さを経済構造や価値体系に原因があるとするのではなく、政策や制度に原因があると考えている。障害者自身の働く能力に障害があることを決めつけて、その解決を制度や政策に求めようとするのは、論理のすり替えと言っても過言ではない。労働に関しては、政策や制度にも一定の効果を認めつつも、経済構造から生じる不平等さなどにもう一度着目していく必要がある。

障害者が労働市場で活躍していくには、障害者の労働力を商品として扱わないことが重要だ。先生は、仕事を細分化して、その人に合った仕事に再構築するとしていたが、障害者に仕事を合わせる仕組みや理解を資本家（経営者）にきちんと示していく必要がある。企業の社会的役割に他の意味が考えられるとすれば、社会貢献はもちろんのこと、企業が障害者を含めたすべての労働者に対して、柔軟な仕事（役割分担制）の在り方を企業と彼らが共に考え、それを「社会」にも提案していくことではないだろうか。

第3章　障害者の主体性論

〔一〕　先人たちの歴史をふりかえって

　拙著『はじめての障害者問題―社会が変われば「障害」も変わる―』（現代書館）の第四講話「世界に類のない日本だけの盲人史」を紹介する。

　まず歴史に登場してくるのは、神話である『古事記』である。盲人は当時、盲（めしい）と言われ、不吉なる者とみなされていた。だから、旅立ちにあたってはあらかじめ盲の不吉なる者たちと会わないよう、占いをたててからその者たちと会わない方向に旅立ったという。いやはや、不吉なる者だった！

　奈良時代に入ると、中国から琵琶が伝来した。琵琶演奏や、また盲僧も現れた。盲人たちは仏教寺院や寺の周辺に集まり、集団生活をすることとなり、平安時代にはいると皇室と結びつき、琵琶演奏は盲人の独占となった。

　鎌倉から室町時代にかけては、宮廷雅楽や仏教と結びつき、平家物語を語る琵琶法師、「座」

の原型がつくられる。宮廷や将軍家のお座敷で演奏するエリートも現れ、しかし大多数は街道や寺院の近くで三、四人の琵琶演奏集団としてお恵みを受けていた。そして、足利尊氏の従弟である明石覚一検校が、鍼灸を盲人の職業として提唱し、後醍醐天皇の勅定によって、検校、別当、勾当、座当などの一六の位階からなる「護官制度（盲人に官位を与える制度）」が定められた。江戸時代には、杉山和一検校が「管鍼法」という現在のハリ治療を確立した。

室町時代に盛んだった琵琶演奏はすたれ、江戸時代には職業として邦楽（琴、三味線）、さらに「当道座」は幕府の保護の下に、鍼按、金貸し金融を営むこととなった。当道座は男だけの三千人の組織といわれ、一方、盲女性の組織としては特に青森県・津軽から新潟県・越後にかけて「ごぜ」、津軽三味線の芸能集団があった。そして、検校は朱塗りの籠に乗って、大名家の出入りが許されていたという。

明治になると、鍼按を盲人の専業にするための国会請願運動、衆議院で可決、貴族院では否決となったが、明治三五年に「盲人医学協会」を設立し、板垣退助伯爵の応援を得た。また、太平洋戦時下では多くの障害者が非国民・穀つぶしと言われる中、盲人たちは三〇万円の寄付を集めて帝国陸・海軍に戦闘機「日本盲人鍼灸号」を献納し、軍隊にマッサージ慰問団も送っている。このしたたかさ、ずるがしこさ、「時の権力につくのが一番いい」というDNAが盲人に受け継がれているのかもしれない。

話を戦後のラディカルな当事者運動に移し前掲書第九講話「自己否定と自己肯定を超えて」

を紹介すると、青い芝の会（全国脳性マヒ者協会）は、「行動綱領」の中で、われらは愛と正義を否定する、問題解決の路を選ばない、健全者文明を否定するとあり、健全者幻想の解体を訴えた。

神奈川県青い芝の会は一九七六年に、乗車拒否をした川崎市営バスを二八時間、三六台を占拠して告発糾弾闘争を行った。これは人間としての生存をかけたぎりぎりの戦いともいえる。

〔二〕　当事者運動の今日

高知県土佐の若い漁師が遭難し、アメリカの船に救助されてアメリカで生活したが、土佐に帰ってきた。それがジョン万次郎である。

坂本龍馬は、万次郎に「アメリカで一番偉いのは誰だ？」と尋ねた。当然「大統領」と返ってくると思った竜馬に、万次郎は「ピープルファースト」、国民と答えたのである。

親の会（手をつなぐ育成会）の庇護のもとにあった知的障害当事者たちは、今では「ピープルファースト」という会をつくって運動している。

また、障害者権利条約の国連総会での採択にあたっては、世界の当事者は「私たちのことを、私たち抜きに決めないで（ナッシング　アバウト　アス　ウィズアウト　アス）」という合言葉で運動してきた。長い間、障害者は専門家、福祉職員、家族によって「自己決定」を奪われてきた歴史がある。

一九八一年にシンガポールで、障害者インターナショナル（DPI）が結成され、私も参加した。そこでは、障害当事者こそが専門家。リハビリテーションも専門家に支配されるのではないということ、時間も場所も限定的でかつ最高の機能の回復ではなく、自分にあった適正な水準というリハビリの新しい概念を提唱した。

私たちを「障害化」する社会を変えることで、私たちは人間になる。障害当事者とは、すなわち社会変革の主体でなければならない。

それまで、勇気をもって「障害」を引き受けよう。

あとがきにかえて

共生社会を実現するためには

「全ての国民が、障害の有無にかかわらず、等しく基本的人権を共有するかけがえのない個人として尊重されるものであるとの理念に則り、全ての国民が、障害の有無によって分け隔てられることなく、相互に人格と個性を尊重し合いながら共生する社会を実現するため、……」

この文章は、障害者基本法（目的）第一条の条文の一部である。これは理念法としてではあれ、すばらしい内容のものであるとともに同時に、それ以上でもそれ以下でもない。というのは、実定法にそれを政策化したときには必ずしもそうなってはいないからであり、ましてや、「共生する社会」を実現するための経済的、社会的諸条件、いいかえれば、この理念の実現を疎外する経済的、社会的諸条件が根本から変革されていないからである。なぜなら、現実の経済的、社会的諸条件の土台を反映した国家の法にすぎないからである。

それは、すべて、労働力商品化と非人間的不等価交換システムとしての資本主義の構造に規定されているからであり、佐藤優氏が『国家論』（ＮＨＫブックス）の中でいうように、外部としての国家に包含されているからである。すばらしいこの理念も、とかく、美しいものはいっそう空しいものでもあるからである。

「中間的知識人」とは

私は「中間的知識人」である。

形式的外面上の等価交換の流通過程、市場に包摂された生産過程では、労働者には搾取の構造が経験的にも実感できず、また可視化できない。剰余労働、剰余価値が利潤に転化した搾取の構造は知る由もないのである。いや、むしろ、雇用労働は当然のものとして自然に受け入れられている。

もはや、資本主義イデオロギーは、労働者の内部に内省化されて、常識化される。頭のてっぺんからつま先の先まで。イデオロギーが物質的諸条件を獲得したとき、イデオロギーはイデオロギーであることをやめ、資本主義イデオロギーは資本主義イデオロギーであることをやめる。それは一般的観念、常識に化身する。

ルカーチは、労働者階級が物象化された意識に陥っていること、したがって彼らが階級意識にめざめて、政治的闘争に向かうためには、知識人の前衛党が必要であると主張した。これはレーニンの外部注入論でもあり、前衛党の存在とその役割であるとしていた。そのことから、党は、けっして誤りをおかさないという絶対神話を生み出し、もともとプロレタリア独裁であるために、それが個人崇拝の独裁者まで生み出したのである。

私は、中間的知識人である。知識人と大衆との間に位置し、したがって大衆の立場から双方の間を行き来しながら、大衆として行動する。その立場は、知識人と大衆という従来の二項関係はとらず、しかも、それは、それによって国家社会主義も党官僚も生むことはない。下からの、大衆からの、民衆からの社会変革を意味する。常に、そうあらねばならない。

その意味でも、「中間的知識人」の存在とその役割は大きいのではないだろうか。それゆえ、中間的知識人は、社会変革にも現実政策にも同時にかかわっていくこととなる。それが、中間的知識人としての役割であろう。

まさしく、第Ⅱ部第１章の文章は、それを体現した中間的知識人のわかりやすいメッセージそのものである。

おわりにあたって、私は視覚障害者であるため、いつもそうであるが、対面朗読などによって本を読み、また原稿やゲラの校正は耳からなので、大変困難を強いられる。読者のみなさんも、一度、それを体験することをお勧めしたい。世界観が変わるかもしれない。

今回も、点字からパソコン入力へ、そして原稿、ゲラの校正の読み上げなどには大澤美代、阿部美恵子両氏、その他対面朗読のみなさん・品川朗読ボランティアグループ朝笛のサポートを受けたことに対して、心から感謝いたします。

また、昨年9月に拙著出版に引き続き、本書を刊行していただいた松田健二社長に心より感謝申し上げる次第です。

著者紹介

堀　利和（ほり・としかず）

1950年生まれ。小学校就学直前に、薬害による難病で失明。小学校４年２学期に静岡県立静岡盲学校小学部に転校、同中学部、東京教育大学附属盲学校高等部、明治学院大学、日本社会事業学校卒。

民間保育園保父（２ヶ月）、養護学校スクールバス添乗員（１年半）、大田区点字講習会講師（週１、１０年間）などの後、1989～95年参議院議員（日本社会党）、1998～2004年参議院議員（民主党）。立教大学コミュニティ福祉学部兼任講師。

現在、特定非営利活動法人共同連代表、『季刊福祉労働』（現代書館）編集長。

著書
詩集『相克』
『なかよくケンカしな―臨時障害者教育審議会設置法をめざして』（社会新報レッドブック）
『生きざま政治のネットワーク―障害者と議会参加』（現代書館）
『共生社会論―障害者が解く「共生の遺伝子」説』（現代書館）
『共生の社会論その後―一歩前進振り返って二歩後退』（共同連ブックレット）。
『はじめての障害者問題―社会が変われば「障害」も変わる』（現代書館）
『障害者が労働力商品を止揚したいわけ―きらない　わけない　ともにはたらく―』（社会評論社）
共著『障害者と職業選択―視覚障害者の場合』（堀利和・宮昭夫著、三一書房）
『日本発　共生・共働の社会的企業―経済の民主主義と公平な分配を求めて』（特定非営利活動法人共同連編、現代書館）

アソシエーションの政治・経済学
――人間学としての障害者問題と社会システム

2016年7月25日　初版第1刷発行

著　者：堀　利和
装　幀：右澤康之
発行人：松田健二
発行所：株式会社 社会評論社
東京都文京区本郷2-3-10　☎03(3814)3861　FAX 03(3818)2808
http://www.shahyo.com/
組　版：スマイル企画
印刷・製本：倉敷印刷

SQ選書

01
帝国か民主か 中国と東アジア問題
⊙子安宣邦著 「自由」や「民主主義」という普遍的価値を、真に人類的価値として輝かしていくことは可能か。 1800円

02
左遷を楽しむ 日本道路公団四国支社の一年
⊙片桐幸雄著 公団総裁の怒りを買い四国に飛ばされる。左遷の日々の生活をどう楽しみながら暮らしたのか。 1800円

03
今日一日だけ アル中教師の挑戦
⊙中本新一著 「酒害」の現実を体験者の立場から書き起こす。今日一日だけに全力を注ぎ続ける断酒半生記。 2000円

04
障害者が労働力商品を止揚したいわけ きらない わけない ともにはたらく
⊙堀利和編著 「共生・共働」の理念を実現する社会をどう創りあげるのか。障害者の立場からの提起。 2300円

05
柳宗悦・河井寛次郎・濱田庄司の民芸なくらし
⊙丸山茂樹著 戦争を挟んだ半生紀、昭和の男たちを魅惑した民芸運動。三本の大樹が吹かせる爽やかな風を読む。 1800円

06
千四百年の封印 聖徳太子の謎に迫る
⊙やすいゆたか著 聖徳太子による神道大改革はなぜ封印されたのか。倭国形成史のヴェールをはがす。 2200円

07
「人文学」という思考法 〈思考〉を深く読み込むために
⊙真野俊和著 民俗学研究のアプローチから人文学の醍醐味をさぐる。 2200円

08
樺太（サハリン）が宝の島と呼ばれていたころ 海を渡った出稼ぎ日本人
⊙野添憲治著 聞き書きをとおして近代日本の民衆史を掘り起こす。 2100円

以下続刊。定価はすべて本体価格（税別）

障害者が労働力商品を止揚したいわけ

――きらない　わけない　ともにはたらく――

堀　利和／編著

「能力身分制市民社会」である資本主義社会を根本的に変革し、「共生・共働」の理念を実現する社会をどのように創りあげるのか。障害者の労働問題を基軸に、その実践的思想的課題を提起する新経済社会論。

四六判並製 304 頁
定価：本体：2300 円＋税
ISBN978-4-7845-1723-7